ELOGIOS PARA *NUEVOS TACOS CLÁSICOS DE LORENA GARCÍA*

«Lorena infunde vida a los alimentos con su paleta de colores elegantes y sus sabores contundentes. Cuando pruebas sus especialidades, sientes el amor y la pasión que infunde en todo lo que crea. Agradezco y felicito a Lorena por este libro de cocina que sé que servirá de inspiración para que las familias compartan amorosamente la preparación de platillos deliciosos».

—JOY MANGANO

«Mi querida chef hermana Lorena García, reina de la fusión latina, toma platillos deliciosos de América Central y de América del Sur y, con cariño, les agrega nuevos ingredientes llenos de frescura y sabor. Su casa estará llena de deliciosos olores y sabores gracias a estas recetas fáciles de seguir».

—ART SMITH, chef de Oprah Winfrey y autor *best-seller*

«*Nuevos tacos clásicos de Lorena García* te introduce de nuevo al mundo de los tacos y te lleva a otro más allá de ellos. Llenas de colores vibrantes y sabor explosivo, querrás probar todas las recetas de este libro y prepararás una y otra vez las que se convertirán en tus nuevas recetas favoritas».

—CHEFS JAIME MARTIN DEL CAMPO y RAMIRO ARVIZU

NUEVOS
TACOS
CLÁSICOS

de
Lorena
García

Lorena García
con Liz Balmaseda

A CELEBRA BOOK

Celebra
Publicado por Penguin Group
Penguin Group (USA) LLC, 375 Hudson Street,
Nueva York, Nueva York 10014

Estados Unidos / Canadá / Reino Unido / Irlanda / Australia / Nueva Zelanda /
India / Sudáfrica / China
penguin.com
Una compañía de Penguin Random House

Publicado por vez primera por Celebra,
una división de Penguin Group (USA) LLC

Primera edición: octubre de 2015

DATOS DE CATALOGACIÓN DE LA BIBLIOTECA DEL CONGRESO:

GARCIA, LORENA (CHEF)
LORENA GARCIA'S NEW TACO CLASSICS / LORENA GARCIA.
    PAGES CM
ISBN 978-0-451-47691-3
1. TACOS. I. TITLE. II. TITLE: NEW TACO CLASSICS.
TX836.G37 2015
641.84—DC23   2015008294

Impreso en los Estados Unidos de América
10 9 8 7 6 5 4 3 2 1

Tipografía: Archer, Gotham, Twentieth Century MT
Diseñada por Pauline Neuwirth

NOTA DEL EDITOR
Las recetas de este libro deben ser preparadas tal como están escritas. El editor
no se hace responsable de problemas alergénicos o de salud que usted pueda
tener y que puedan requerir de supervisión médica. El editor no es responsable de
ninguna reacción adversa a las recetas contenidas en este libro.

Dedico este libro a todo el equipo que lo hizo realidad.
A mi madre, quien me dio los elementos necesarios para
ver la vida de la mejor manera posible. También, a los
lationoamericanos que han venido a este país, que se
han enamorado de él y que se sienten orgullosos de ser
llamados estadounidenses.

CONTENIDO

NUEVOS TACOS CLÁSICOS

LOS RELLENOS

NUEVOS TACOS CLÁSICOS
ACOMPAÑAMIENTOS

Tacos de Chicharrón de pollo
vea la receta en la página 17

La nueva plantilla de tacos

Al igual que su gente, los alimentos callejeros de América Latina dan la bienvenida con un cálido abrazo. Nuestras historias pueden ser diferentes, nuestras entonaciones únicas, nuestros ritmos puramente regionales, pero de un modo u otro, nuestros platos más queridos vienen acunados en maíz.

Estos platos ofrecen bocados dentro de bocados, sublimes estallidos de sabor contenidos en terrosas envolturas de maíz. Tan simple como puedan parecer un taco, una arepa o un tamal, contienen más que un conjunto de ingredientes. Transmiten los grandes intangibles que distinguen nuestras historias, las notas de sabor de una ciudad en particular, los métodos de cocción de una región, para no mencionar los recuerdos compartidos de una familia.

Como pequeñas declaraciones de identidad, cada bocado explica los matices entre México y Venezuela, Ecuador y Puerto Rico, Perú y Cuba.

Los platos cuentan historias. Y a veces, esas historias hacen eco de los ritmos de un lugar o de una cultura en particular, en tanto que otras veces hacen eco de una mezcla de ritmos.

Y cuando exploramos los ritmos culinarios que compartimos en América Latina y el Caribe, debemos rendir un homenaje al taco.

Permítame utilizar vagamente este término aquí. No me estoy refiriendo a la tortilla ni al relleno del taco, sino más bien a un concepto compartido por nuestras culturas latinas: el concepto de alimentos en un recipiente, de alimentos abrazados.

¿Y si usamos ese recipiente para mostrar la amplia variedad de la cocina de América Latina? ¿Qué pasaría si ampliáramos el concepto del humilde taco y construyéramos una nueva plantilla de tacos?

Construimos inicialmente esta plantilla al deconstruir el concepto: tenemos un recipiente, elaborado casi siempre con masa de maíz, un relleno, unos ingredientes y unas técnicas que hacen que esos elementos se conjuguen.

Ese recipiente puede adquirir la forma de un taco, una arepa, un sope, una empanada e incluso de un tamal. Puede llevar cualquier número de rellenos y coberturas, y combinarse con cualquier número de acompañamientos. Si domina los elementos, sus posibilidades y combinaciones serán infinitas.

Veo este libro como una propuesta para una comida maravillosa e interactiva en la que ustedes podrán llevar sus propias opciones de maridaje a la mesa. Le presento decenas de recetas, pero puede combinarlas de la manera que quiera. Y aunque es un libro de tacos, puede suprimir la tortilla (o el recipiente que se especifique en la receta) por completo. Esa es la magia de estas recetas: están hechas para el maridaje y para compartir en función de sus deseos o de la ocasión.

Podrá notar, sin embargo, que estas recetas de *Nuevos tacos clásicos* tienen un tema recurrente en la forma en que se arman. En su mayor parte, se construyen en capas: recipiente, relleno, crocancia y salsa.

- ✤ Su recipiente puede ser crocante como un taco de tortilla crujiente, o blando como un tamal.
- ✤ Sus rellenos —carnes, mariscos y/o vegetales— darán el eje central de sabor a su comida.
- ✤ Luego está el aspecto crujiente: las ensaladas que añaden contrastes de textura al plato.
- ✤ Agregue un elemento de crema o de salsa para ayudar a conectar los sabores, y tendrá un bocado deliciosamente complejo.

La clave del éxito está en desarrollar capas de sabor que se complementen entre sí. Todo es cuestión de equilibrio y de contraste.

Pero también de frescura. A menudo me acuerdo de los fantásticos tacos de pescado que he comido en Playa del Carmen, México. Son tacos sencillos elaborados con ingredientes simples por cocineros de comidas callejeras. Pero la calidad de los ingredientes los eleva. El pescado es fresco; las tortillas, recién hechas; las coberturas son un estudio de contrastes como, por ejemplo, el pescado rebozado, iluminado por notas de limón y cilantro que bailan sobre trozos de aguacate fresco y cremoso. Se trata de un bocado que cuenta la historia de la ciudad costera donde habita.

En mi país natal, Venezuela, las historias hacen eco de pequeños carritos de comida que salpican las calles. No son como los refinados camiones de comida que transitan por Los Ángeles o Miami, sino estufas móviles de las que salen arepas calientes y frescas, rellenas con carne, queso, frijoles o cualquier otro relleno que usted desee.

Lo que permanece constante en estas arepas es su innegable esencia de maíz. Desde el elote dulce al maíz más rígido, es el sólido hilo conductor que circula por los matices de nuestras culturas. Es un ingrediente amado en toda América Latina. Pero el tipo de maíz que elegimos, la manera de cocinarlo y comerlo, es algo que cambia de una cultura a otra.

En mi Venezuela, la harina de maíz fue uno de los primeros ingredientes que busqué cuando era niña para experimentar en la cocina de mi madre. El aroma de la masa harina emanando de un comal caliente, de una plancha ardiente o de una olla humeante de tamales todavía me remite a una mañana en Caracas hace muchos años, cuando hice mi primer experimento en la cocina. Yo tenía seis años y estaba decidida a hacer tamales para mi madre y mi hermano.

Me metí en la cocina, saqué un poco de harina de maíz precocida y la mezclé en una pasta de masa, tal como había visto hacer tantas veces a mi madre. Vertí la mezcla para tamales en trozos irregulares en papel aluminio y los eché al agua hirviendo. Luego hice unos huevos revueltos para servir con estos pequeños tamalitos. *¡El desayuno!*

Puse una pequeña mesa en el medio de la sala e invité a mi madre y a mi hermano a que vinieran a desayunar. (Pobrecita de mi mamá: ¡qué lío dejé en su cocina!).

Aún hoy, si me piden que describa mi desayuno favorito, tendría que responder como alguien que nació y se crió en Venezuela: arepas y huevos.

El desayuno en mi país no es desayuno sin una arepa gruesa de maíz, tan suave y esponjosa que se puede abrir con un tenedor y rellenarse. Fresca y muy ligeramente dulce, es nuestro pan. Las arepas en Venezuela son como las galletas que se comen por la mañana en el Sur de Estados Unidos.

En la vecina Colombia, la arepa es un poco más delgada, pero es sabrosa e igualmente venerada.

Viaje al altiplano andino desde Chile a Ecuador, y encontrará sustanciosos pasteles de choclo.

En Brasil, la harina de maíz da una calidad terrosa al bolo de fubá, una torta de maíz que es deliciosa si se acompaña con el café de la mañana.

Viaje al norte de América Central, y encontrará una gran variedad de tortillas amasadas a mano, gruesas, delgadas y rellenas. En

Nicaragua y Honduras, las tortillas tienden a ser más delgadas y flexibles, perfectas para envolver carnes a la brasa. Los salvadoreños, a quienes les gustan las tortillas más pequeñas y gruesas, comen sustanciosas pupusas, unas tortillas gruesas de maíz rellenas con todo, desde chorizo picado a chicharrón.

En México, la manipulación de la masa es más que un arte; es una ciencia culinaria. La masa dura de maíz se vuelve más flexible, saludable y sabrosa gracias a un antiguo proceso alcalinizante conocido como nixtamalización, y adquiere un asombroso número de formas: tacos, sopes, huaraches, tostadas y otros.

En Cuba, la harina de maíz, que está repleta de carne de cerdo y de hierbas aromáticas, se envuelve en una hoja de maíz y se cocina a fuego lento en agua para hacer tamales.

¿Cómo pasamos de los tacos a los tamales? Trace la ruta desde las masas, pasando por los rellenos y llegando a las coberturas, y se sorprenderá de la cantidad de platos «inspirados en los tacos» que encontrará.

En calidad de chefs, nuestro arte es la comida que exploramos, cocinamos y servimos. Es así como nos conectamos con el mundo y la razón por la cual siempre queremos «decir» algo con nuestros platos. Para mí, no hay nada mejor que crear una comida con mis manos —una comida que sale de mi corazón— y alimentar a otros.

Aunque me inspiro en las versiones clásicas de los platos favoritos de América Latina, los hago míos al experimentar con notas saladas y dulces, con elementos de contraste, con sabores que cruzan osadamente fronteras culinarias y geográficas. Los animamos a hacer lo mismo. En esto consisten los nuevos tacos clásicos.

Seremos creativos con nuestros ingredientes. Utilizaremos hierbas, vegetales y frijoles para dar sabor a la masa de maíz. Usaremos hojas de plátano en lugar de papel aluminio para envolver nuestros tamales. Experimentaremos con una variedad de ensaladas, salsas y cremas.

Ese es mi objetivo al escribir este libro: honrar nuestra cocina compartida a través de platos frescos, modernos y completamente latinos.

En su mayor parte, estas recetas no requieren horas de trabajo en la cocina. Tienen el propósito de ser accesibles, compartibles y dignas de celebración, incluso en una noche de semana.

Algunas de estas variaciones de tacos encierran su contenido por completo, otras ofrecen un pequeño vistazo y otras saludan con las puertas abiertas. Pero en cualquier caso, esto es muy cierto: todas ellas dan la bienvenida con un cálido abrazo y un corazón abierto.

—Lorena García

LA BASE

CAPÍTULO 1

MASA

DIOS TE SALVE, MAÍZ.

La masa de maíz, sabrosa y resistente, es un recipiente perfecto para nuestros rellenos: desde carnes asadas con salsas o quesos fundidos, a mariscos marinados, pescado frito y crujiente o braseados lentos y hermosos.

Tan simples como puedan parecer un taco o una envoltura de arepa, su base de maíz no tiene nada de sencilla. Con sus aromas de nuez casi minerales, el maíz da una subtrama terrosa a las principales líneas argumentales de la cocina latinoamericana.

Pero imagine que añade notas de sabor a la masa, y que estas hacen eco o contrastan con el relleno de un taco. Haremos esto al agregar remolacha a la masa para las telitas venezolanas para obtener un resultado espectacular en términos de tonalidad, y agregaremos cilantro para obtener un acabado fresco y herbáceo.

Añadiremos toques de sabor y color a los tamales usando pimentones rojos asados y aceite de achiote de colores brillantes. Y profundizaremos en los sabores de las clásicas reinitas con zanahoria fresca y frijoles negros.

Quienes sigan una dieta libre de gluten se darán gusto: la mayoría de las recetas de este capítulo no contienen trigo, y ofrecen deliciosas alternativas a las típicas mezclas de harinas sin gluten. Obviamente, y dado que la masa de maíz no contiene gluten, se requiere un poco de amor y delicadeza para evitar que se desmorone.

Una nota sobre la preparación: si no tiene tiempo para hacer sus propios recipientes de maíz, puede sustituirlos por tortillas compradas en la tienda. Sin embargo, espero que las siguientes recetas lo animen a probar el enfoque casero. Con un poco de práctica, verá que trabajar con la masa de maíz no es tan desalentador como podría pensar.

RECETAS DE MASA

AREPAS

TIEMPO DE PREPARACIÓN:
20 minutos

TIEMPO DE COCCIÓN:
15 minutos

PORCIONES: 8
(de 4,5 onzas cada una)

Estos discos esponjosos siempre están presentes en la cocina venezolana y en la colombiana. Preparadas fácilmente con harina de maíz precocida, las arepas son tan adaptables como deliciosas: disfrútelas al desayuno, el almuerzo, la cena o la merienda.

INGREDIENTES:

2 tazas de harina de maíz precocida (harina de masarepa)

1 cucharada de sal kosher

2½ tazas de agua

1 cucharada de aceite vegetal (para engrasar la sartén)

1. Mezcle la harina de maíz precocida y la sal en un tazón. Añada el agua y amase la mezcla hasta que todos los ingredientes estén bien integrados y la masa no se pegue a sus manos. (Si la masa parece demasiado dura y se rompe mientras la amasa, añada unas cucharadas de agua caliente; si está demasiado pegajosa, agregue un poco más de harina de maíz).

2. Divida la masa en 8 bolas iguales (de alrededor de 4,5 onzas cada una) y aplane cada una entre sus palmas, formando una empanada de 4 pulgadas de diámetro y de ½ pulgada de grosor.

3. Caliente el aceite en una sartén grande y antiadherente a fuego medio-bajo por 2 minutos. Vierta 3 o 4 arepas en la sartén (dependiendo del tamaño del molde). Las arepas deben chisporrotear al caer a la sartén.

4. Cocine las arepas de 6 a 8 minutos hasta que estén doradas y tengan una corteza agradable. Deles vuelta y dore por el otro lado de 6 a 8 minutos más. Luego cubra las arepas y cocine al vapor por 5 minutos más.

TELITAS

La palabra «telita» inspira estas tortas delgadas de maíz perfumado. Elaboradas con harina de maíz precocida, se pueden disfrutar blandas o crujientes y fritas. De cualquier manera, son ideales para experimentar con sabores. Añádales queso o frijoles negros para obtener un sabor más rico; remolacha o zanahoria para un toque de color; cilantro para una nota herbácea; o semillas de anís y panela o piloncillo para un final dulce.

TELITAS DE QUESO

TIEMPO DE PREPARACIÓN:
15 minutos

TIEMPO DE COCCIÓN:
5–6 minutos

PORCIONES: 12 círculos (de 1,5 onzas cada uno)

1. Bata la harina de maíz y la sal.
2. Vierta el agua, el queso fresco y el aceite en un tazón mediano. Agregue poco a poco la mezcla de harina, revolviendo hasta integrar bien. La masa se desprenderá al principio, pero la harina absorberá el líquido.
3. Comience a amasar la masa en un recipiente. La masa estará lista para darle forma en alrededor de 5 minutos, cuando esté muy suave y no se pegue a sus manos. (Si la masa parece demasiado dura y se rompe durante el amasado, añada unas cucharada de agua; si está demasiado pegajosa, agregue un poco más de harina).
4. Divida la masa en 12 bolas iguales, de 1,5 onzas cada una, y aplane cada bola en una prensa para tortillas o utilizando el lado plano de un plato, para hacer tortillas de 5 pulgadas de diámetro.

INGREDIENTES:

1 taza de harina de maíz precocida (harina de masarepa)

1 cucharadita de sal kosher

1 taza de agua

¾ de taza de queso fresco, rallado

1 cucharada de aceite vegetal

MÉTODO DE FRITURA:

1. Precaliente la freidora a 350°F. Fría las telitas en tandas de 3 o 4 por alrededor de 2½ minutos por cada lado hasta que estén doradas.
2. Coloque las telitas fritas en un plato cubierto con papel toalla hasta el momento de usar.

TIEMPO DE PREPARACIÓN:
20 minutos

TIEMPO DE COCCIÓN:
6 minutos

PORCIONES: 12 círculos (de
1 onza cada uno)

INGREDIENTES:

1 taza de agua

3 cucharadas de panela
(azúcar de caña sin refinar),
rallada

1 cucharada de semillas de
anís

1 taza de harina de maíz
precocida (harina de
masarepa)

2 cucharadas de harina
para todo uso

¾ de taza de queso blanco
rallado

1 cucharada de mantequilla

1 cucharadita de sal kosher

TELITAS DE ANÍS
Y PILONCILLO

1. Vierta el agua, la panela y las semillas de anís en una olla y cocine a fuego medio por 5 minutos. Deje reposar 15 minutos hasta que estén calientes al tacto.

2. Vierta el agua de panela y de anís en un tazón. Añada los ingredientes restantes y combine. Mezcle bien con las manos hasta que todos los ingredientes se incorporen y la masa no se pegue a sus manos.

3. Divida la masa en 12 bolas iguales, de 1 onza cada una, y aplane cada bola en una prensa para tortillas, presionando a unas ¾ partes del camino hacia abajo para hacer círculos de alrededor de 4 pulgadas de diámetro y de ¼ de pulgada de grosor.

4. Caliente una sartén, plancha o parrilla grande a fuego medio-alto. Cocine la telita durante 3 minutos hasta que esté dorada y crujiente. Dele vuelta y dore por el otro lado, de 2 a 3 minutos más.

5. Retire de la sartén y coloque en un calentador de tortillas, o envuelva en una toalla de cocina.

MÉTODO DE FRITURA:

1. Siga las instrucciones de la receta para las telitas hasta el paso 4.

2. Llene con aceite una freidora hasta la mitad. Caliente el aceite a 350°F. Fría cada telita 2½ minutos por cada lado.

3. Retire y escurra en papel toalla. Sirva de inmediato.

TELITAS DE REMOLACHA

TIEMPO DE PREPARACIÓN:
20 minutos

TIEMPO DE COCCIÓN:
5–6 minutos

PORCIONES: 12 círculos (de
1 onza cada uno)

1. Vierta la remolacha, el agua, el aceite y la sal en una licuadora. Licúe por alrededor de 30 segundos hasta que los ingredientes estén bien mezclados.

2. Vierta la mezcla de remolacha en un tazón mediano y añada poco a poco la harina de maíz, revolviendo hasta mezclar bien. La masa estará suelta al principio, pero la harina absorberá el líquido.

3. Comience a amasar la masa en un recipiente: la masa estará lista para darle forma al cabo de alrededor de 5 minutos cuando esté muy suave y no se pegue a sus manos. (Si la masa parece dura y se rompe durante el amasado, añada unas cucharadas de agua; si está demasiado pegajosa, agregue un poco más de harina).

4. Divida la masa en 12 bolas iguales, de 1,5 onzas cada una, y aplane cada bola en una prensa para tortillas (o utilizando el respaldo de un plato plano), presionando a unas ¾ partes del camino hacia abajo para hacer círculos de 4 pulgadas de diámetro y de alrededor de ¼ de pulgada de grosor.

5. Caliente una sartén o plancha grande a fuego medio-alto. Cocine cada telita de 2 a 3 minutos hasta que esté dorada y crujiente. Dele vuelta y dore por el otro lado de 2 a 3 minutos más.

6. Retire de la sartén y coloque en un calentador de tortillas o envuelva en una toalla de cocina.

INGREDIENTES:

¾ de taza de remolacha enlatada, escurrida

1 taza de agua

1 cucharada de aceite vegetal

1 cucharadita de sal kosher

1 taza de harina de maíz precocida (masarepa)

MÉTODO DE FRITURA:

1. Siga las instrucciones de la receta para las telitas hasta el paso 4.

2. Llene con aceite una freidora hasta la mitad. Caliente el aceite a 350°F. Fría cada telita 2½ minutos por cada lado.

3. Retire y escurra en papel toalla. Sirva de inmediato.

TIEMPO DE PREPARACIÓN:
15 minutos

TIEMPO DE COCCIÓN:
5–6 minutos

PORCIONES: 12 círculos (de
1,5 onzas cada uno)

INGREDIENTES:

1 taza de harina de maíz
precocida (harina de
masarepa)

1 cucharadita de sal kosher

1 taza de agua

¾ de taza de cilantro
fresco, con los tallos

1 cucharada de aceite
vegetal

TELITAS DE CILANTRO

1. Mezcle la harina de maíz y la sal.
2. Vierta el agua y el cilantro en una licuadora. Licúe por alrededor de 30 segundos hasta que el agua y el cilantro estén bien mezclados.
3. Vierta la mezcla de agua y cilantro, y el aceite, en un tazón mediano. Agregue poco a poco la mezcla de harina, revolviendo hasta mezclar bien. La masa estará suelta al principio, pero la harina absorberá el líquido.
4. Comience a amasar la masa en un recipiente. La masa estará lista para darle forma después de alrededor de 5 minutos, cuando esté muy suave y no se pegue a sus manos. (Si la masa parece demasiado dura y se rompe mientras la amasa, añada unas cucharadas de agua; si está demasiado pegajosa, agregue un poco más de harina).
5. Divida la masa en 12 bolas iguales, de 1,5 onzas cada una, y aplane cada bola en una prensa para tortillas o utilizando el lado plano de una placa para hacer tortillas de 5 pulgadas de diámetro.

MÉTODO DE FRITURA:

1. Precaliente la freidora a 350°F. Fría las telitas en tandas de 3 o 4 por alrededor de 2½ minutos por cada lado hasta que estén doradas.
2. Coloque las telitas fritas en un plato cubierto con papel toalla hasta el momento de usar.

TELITAS DE ZANAHORIA

TIEMPO DE PREPARACIÓN:
20 minutos

TIEMPO DE COCCIÓN:
5–6 minutos

PORCIONES: 12 círculos
(de 1,5 onzas cada uno)

1. Mezcle la harina y la sal.
2. Vierta el agua y la zanahoria en una licuadora. Mezcle por alrededor de 30 segundos hasta que el agua y la zanahoria estén bien integradas.
3. Vierta la mezcla de agua y zanahoria y el aceite en un tazón mediano; luego añada poco a poco la mezcla de harina, revolviendo hasta mezclar bien. La masa estará suelta al principio, pero espesará a medida que la harina absorba el líquido.
4. Comience a amasar la masa en un recipiente. La masa estará lista para darle forma después de alrededor de 5 minutos cuando esté muy suave y no se pegue a sus manos. (Si la masa parece demasiado dura y se rompe mientras la amasa, añada unas cucharadas de agua; si está demasiado pegajosa, agregue un poco más de harina).
5. Divida la masa en 12 bolas iguales, de 1,5 onzas cada una, y aplane en una prensa para tortillas (o utilizando el respaldo de un plato plano), presionando a unas ¾ partes del camino hacia abajo para hacer círculos de 4 pulgadas de diámetro y alrededor de ¼ de pulgada de grosor.
6. Caliente a fuego medio-alto una sartén, plancha o parrilla grande ligeramente engrasada. Cocine la telita por 3 minutos hasta que esté dorada y crujiente. Dele vuelta y dore por el otro lado por 3 minutos más.
7. Retire de la sartén y coloque en un calentador de tortillas o envuelva en una toalla de cocina.

MÉTODO DE FRITURA:

1. Siga las instrucciones de la receta para las telitas hasta el paso 4.
2. Llene con aceite una freidora hasta la mitad. Caliente el aceite a 350°F. Fría cada telita 2½ minutos por cada lado.
3. Retire y escurra en una toalla de papel. Sirva de inmediato.

INGREDIENTES:

1 taza de harina de maíz precocida (harina de masarepa)

1 cucharadita de sal kosher

1 taza de agua

¾ de taza de zanahoria rallada

1 cucharada de aceite vegetal

TIEMPO DE PREPARACIÓN:
20 minutos

TIEMPO DE COCCIÓN:
5–6 minutos

PORCIONES: 12 círculos (de
1 onza cada uno)

INGREDIENTES:

¾ de taza de frijoles negros
(cocinados)

½ taza de agua

1 cucharada de aceite
vegetal

1 cucharadita de sal kosher

1 taza de harina de maíz
precocida (harina de
masarepa)

2 cucharadas de harina
para todo uso

TELITAS DE FRIJOL NEGRO

1. Vierta los frijoles negros, el agua, el aceite y la sal en una licuadora. Licúe por alrededor de 30 segundos hasta que los ingredientes estén bien mezclados.

2. Vierta la mezcla de frijol negro en un tazón mediano y añada poco a poco la harina de maíz y la harina para todo uso, revolviendo hasta mezclar bien. La masa estará suelta al principio, pero la harina absorberá el líquido.

3. Comience a amasar la masa en un recipiente. La masa estará lista para darle forma después de alrededor de 5 minutos, cuando esté muy suave y no se pegue a sus manos. (Si la masa parece demasiado dura y se rompe mientras la amasa, añada unas cucharadas de agua; si está demasiado pegajosa, agregue un poco más de harina).

4. Divida la masa en 12 bolas iguales, de 1,5 onzas cada una, y aplane cada bola en una prensa para tortillas, presionando a unas ¾ partes del camino hacia abajo para hacer círculos de 4 pulgadas de diámetro y alrededor de ¼ de pulgada de grosor.

MÉTODO DE ASADO:

1. Caliente una sartén, plancha o parrilla grande a fuego medio-alto. Cocine la telita de 2 a 3 minutos hasta que esté dorada y crujiente. Dele vuelta y dore por el otro lado, de 2 a 3 minutos más.

2. Retire de la sartén y deje a un lado en un calentador de tortillas o envuelva en una toalla de cocina.

MÉTODO DE FRITURA:

Fría cada telita 2½ minutos por cada lado en una sartén con aceite a 350°F. Retire y escurra en una toalla de papel. Sirva de inmediato.

TELITAS DE MAÍZ MORADO

TIEMPO DE PREPARACIÓN:
10 minutos

TIEMPO DE COCCIÓN:
3 horas, 20 minutos

TIEMPO TOTAL: 3 horas, 30 minutos

PORCIONES: 8

1. Hierva el maíz en 1 galón de agua por un mínimo de 3 horas hasta que esté tierno. El maíz y el agua se reducirán a 2½ tazas aproximadamente. Coloque el agua fría y los granos de maíz en la licuadora, agregue el aceite y licúe hasta que esté completamente suave.

2. Vierta la mezcla de maíz morado en un tazón grande. Añada la sal, la harina de maíz precocida y la harina leudante.

3. Comience a amasar la masa en un recipiente. La masa estará lista para darle forma después de alrededor de 10 minutos cuando esté muy suave y no se pegue a sus manos. (Si la masa se endurece o se rompe mientras la está amasando, añada unas cucharadas de agua; si está demasiado pegajosa, agregue un poco más de harina).

4. Divida la masa en 12 bolas iguales, de 1,5 onzas cada una, y aplane cada bola en una prensa para tortillas (o utilizando el respaldo de un plato plano), presionando a unas ¾ partes del camino hacia abajo, en círculos de 4 pulgadas de diámetro y alrededor de ¼ de pulgada de grosor.

INGREDIENTES:

4 mazorcas de maíz morado

1 galón de agua, más ¼ de galón

3 cucharadas de aceite vegetal

1½ cucharadas de sal kosher

1¾ de tazas de harina de maíz precocida

¼ de taza de harina leudante

MÉTODO DE ASADO:

Caliente una sartén, plancha o parrilla grande a fuego medio-alto. Cocine el disco de 2 a 3 minutos hasta que esté dorado y crujiente. Dele vuelta y dore por el otro lado de 2 a 3 minutos más. Retire de la sartén y coloque en un recipiente para tortillas o envuelva en un paño de cocina.

MÉTODO DE FRITURA:

Fría cada telita por 2½ minutos de cada lado en una sartén con aceite a 350°F. Retire y escurra en papel toalla. Sirva de inmediato.

REINITAS

Como su nombre lo indica, una reinita exige su corona. Estas arepas pequeñas y crujientes son el *snack* perfecto para dos bocados. Cubra o rellene
con cualquier cosa, desde ensalada de atún o ceviche fresco hasta un poco
de carne de cerdo desmenuzada. El toque final puede ser tan simple o tan
espectacular como quiera. Y al igual que con las telitas, la masa de la reinita
puede prepararse con hierbas o vegetales para más sabor y color.

REINITA CLÁSICA

TIEMPO DE PREPARACIÓN:
20 minutos

TIEMPO DE COCCIÓN:
5–6 minutos

PORCIONES: 12 reinitas (de 1 onza cada una)

1. Mezcle la harina y la sal.
2. Vierta el agua y el aceite en un tazón mediano. Agregue poco a poco la mezcla de harina, revolviendo hasta mezclar bien. La masa estará suelta al principio, pero se espesará a medida que la harina absorba el líquido.
3. Comience a amasar la masa en un recipiente. La masa estará lista para darle forma después de alrededor de 5 minutos cuando esté muy suave y no se pegue a sus manos. (Si la masa parece demasiado dura y se rompe mientras la amasa, añada unas cucharadas de agua; si está demasiado pegajosa, agregue un poco más de harina).
4. Divida la masa en 12 bolas iguales, de 1 onza cada una, y aplane cada bola entre sus palmas formando tortitas de 2½ pulgadas de diámetro y alrededor de ½ pulgada de grosor.
5. Precaliente la freidora a 350°F.
6. Fría las reinita en tandas de 3 o 4 por alrededor de 2½ minutos de cada lado hasta que estén doradas.
7. Coloque las reinitas fritas en un plato cubierto con papel toalla hasta el momento de usar.

INGREDIENTES:

1 taza de harina de maíz precocida (harina de masarepa)

1 cucharadita de sal kosher

1 taza de agua

1 cucharada de aceite vegetal, y más, para freír

TIEMPO DE PREPARACIÓN:
20 minutos

TIEMPO DE COCCIÓN:
5–6 minutos

PORCIONES: 12 reinitas
(de 1 onza cada una)

INGREDIENTES:

1 taza de harina de maíz
precocida (harina de
masarepa)

1 cucharadita de sal kosher

1 taza de agua

¾ de taza de remolachas en
lata, escurridas

1 cucharada de aceite
vegetal, y más, para freír

REINITAS DE REMOLACHA

1. Mezcle la harina y la sal.

2. Vierta el agua y las remolachas en una licuadora. Licúe por alrededor de 30 segundos hasta integrar bien.

3. Vierta la mezcla de remolacha y el aceite en un tazón mediano. Agregue poco a poco la mezcla de harina, revolviendo hasta integrar bien. La masa estará suelta al principio, pero se endurecerá a medida que el líquido se absorba en la harina.

4. Comience a amasar la masa en un recipiente y después de alrededor de 5 minutos, cuando esté muy suave y no se pegue a sus manos, la masa estará lista para darle forma. (Si la masa parece demasiado dura y se rompe mientras la amasa, añada unas cucharadas de agua; si está demasiado pegajosa, agregue un poco más de harina).

5. Divida la masa en 12 bolas iguales, de 1 onza cada una, y aplaste entre sus palmas en tortitas de 2½ pulgadas de diámetro y alrededor de ½ pulgada de grosor.

6. Precaliente la freidora a 350°F.

7. Fría las reinitas en tandas de 3 o 4 por alrededor de 2½ minutos de cada lado hasta que estén doradas.

8. Coloque las reinitas fritas en un plato cubierto con papel toalla hasta el momento de usar.

REINITAS DE CILANTRO

TIEMPO DE PREPARACIÓN:
20 minutos

TIEMPO DE COCCIÓN:
5–6 minutos

PORCIONES: 12 reinitas
(1 onza cada una)

1. Mezcle la harina y la sal.
2. Vierta el agua y el cilantro en una licuadora. Licúe por alrededor de 30 segundos hasta integrar bien.
3. Vierta la mezcla de cilantro y el aceite en un tazón mediano. Añada poco a poco la mezcla de harina, revolviendo hasta integrar bien. La masa estará suelta al principio, pero espesará a medida que la harina absorba el líquido.
4. Comience a amasar la masa en un recipiente. La masa estará lista para darle forma después de alrededor de 5 minutos cuando esté muy suave y no se pegue a sus manos. (Si la masa parece demasiado dura y se rompe mientras la amasa, añada unas cucharadas de agua; si está demasiado pegajosa, agregue un poco más de harina).
5. Divida la masa en 15 bolas iguales, de 1 onza cada una, y aplane cada bola entre sus palmas, formando una tortita de 2½ pulgadas de diámetro y alrededor de ½ pulgada de grosor.
6. Precaliente la freidora a 350°F.
7. Fría las reinitas en tandas de 3 o 4 por alrededor de 2½ minutos de cada lado hasta que estén doradas.
8. Coloque las reinitas fritas en un plato cubierto con papel toalla hasta el momento de usar.

INGREDIENTES:

1 taza de harina de maíz precocida (harina de masarepa)

1 cucharadita de sal kosher

1 taza de agua

¾ de taza de cilantro fresco, con los tallos

1 cucharada de aceite vegetal, y más, para freír

TIEMPO DE PREPARACIÓN:
20 minutos

TIEMPO DE COCCIÓN:
5–6 minutos

PORCIONES: 12 reinitas
(de 1 onza cada una)

INGREDIENTES:

1 taza de harina de maíz
precocida (harina de
masarepa)

1 cucharadita de sal kosher

1 taza de agua

¾ de taza de zanahoria
rallada

1 cucharada de aceite
vegetal, y más, para freír

REINITAS DE ZANAHORIA

1. Mezcle la harina y la sal.
2. Vierta el agua y la zanahoria en una licuadora. Licúe por alrededor de 30 segundos hasta que el agua y la zanahoria estén bien integradas.
3. Vierta la mezcla de la zanahoria y el aceite en un tazón mediano. Agregue poco a poco la mezcla de harina, revolviendo hasta integrar bien. La masa estará suelta al principio, pero se espesará a medida que la harina absorba el líquido.
4. Comience a amasar la masa en un recipiente. La masa estará lista para darle forma después de alrededor de 5 minutos, cuando esté muy suave y no se pegue a sus manos. (Si la masa parece demasiado dura y se rompe mientras la amasa, añada unas cucharadas de agua; si está demasiado pegajosa, agregue un poco más de harina).
5. Divida la masa en 12 bolas iguales, de 1 onza cada una, y aplane cada bola entre sus palmas formando una tortita de 2½ pulgadas de diámetro y alrededor de ½ pulgada de grosor.
6. Precaliente la freidora a 350°F.
7. Fría las reinitas en tandas de 3 o 4 por alrededor de 2½ minutos de cada lado hasta que estén doradas.
8. Coloque las reinitas fritas en un plato cubierto con papel toalla hasta el momento de usar..

REINITAS DE FRIJOL NEGRO

TIEMPO DE PREPARACIÓN:
20 minutos

TIEMPO DE COCCIÓN:
5-6 minutos

PORCIONES: 12 reinitas (de 1 onza cada una)

INGREDIENTES:

1 taza de harina de maíz precocida (harina de masarepa)

1 cucharadita de sal kosher

1 taza de agua

¾ de taza de frijoles negros enlatados, escurridos

1 cucharada de aceite vegetal, y más, para freír

1. Mezcle la harina y la sal.
2. Vierta el agua y los frijoles negros en una licuadora. Licúe por alrededor de 30 segundos hasta integrar bien.
3. Vierta la mezcla de los frijoles negros y el aceite en un tazón mediano. Agregue poco a poco la mezcla de harina, revolviendo hasta integrar bien. La masa estará suelta al principio, pero la harina absorberá el líquido.
4. Comience a amasar la masa en un recipiente. La masa estará lista para darle forma después de alrededor de 5 minutos, cuando esté muy suave y no se pegue a sus manos. (Si la masa parece demasiado dura y se rompe mientras la amasa, añada unas cucharadas de agua; si está demasiado pegajosa, agregue un poco más de harina).
5. Divida la masa en 12 bolas iguales, de 1 onza cada una, y aplane cada bola entre sus palmas formando una tortita de 2½ pulgadas de diámetro y alrededor de ½ pulgada de grosor.
6. Precaliente la freidora a 350°F.
7. Fría las reinitas en tandas de 3 o 4 por alrededor de 2½ minutos de cada lado hasta que estén doradas.
8. Coloque las reinitas fritas en un plato cubierto con papel toalla hasta el momento de usar.

TORTILLAS: ENVOLTURAS A BASE DE HARINA DE MAÍZ

Una tortilla fresca es la piedra angular de un taco clásico; es la simplici-dad en un disco de origen natural y delgado. Una tortilla blanda no sólo envuelve su contenido, sino que también ayuda a absorber los jugos del relleno. Una tortilla crujiente le da un contraste maravilloso a los rellenos de un taco. En cuanto a una tostada recién frita, considérenla como una base deliciosamente crujiente para cualquier cantidad o combinación de ingredientes. Esto le dará a su plato una rica crocancia subyacente.

TORTILLAS BLANDAS DE MAÍZ

TIEMPO DE PREPARACIÓN:
25 minutos

TIEMPO DE COCCIÓN:
8 minutos

PORCIONES: 12 tortillas
(círculos de 1 onza, y de 4
pulgadas de diámetro)

1. Bata el aceite, la sal y el agua en un recipiente grande. Deje a un lado.
2. Mezcle la harina de maíz y el polvo para hornear. Agregue la mezcla de harina a la mezcla líquida, revolviendo hasta integrar bien. La masa estará suelta al principio, pero espesará rápidamente a medida que la harina absorba el líquido.
3. Amase la masa hasta que esté compacta y no se pegue a sus manos. Cubra bien la masa con envoltura plástica para evitar la formación de costras. La masa estará lista para darle forma después de alrededor de 15 minutos.
4. Divida la masa en 12 bolas iguales, de 1 onza cada una, y aplane cada bola en una prensa de tortillas (o utilizando el respaldo de un plato plano), presionando bien hacia abajo para hacer círculos de 4 pulgadas de diámetro.
5. Caliente una sartén, plancha o parrilla grande a fuego medio-alto. Trabaje por tandas colocando las tortillas en la sartén caliente. Cocine cada tortilla por alrededor de 4 minutos hasta que esté dorada. Dele vuelta y dore por el otro lado 4 minutos más.
6. Retire de la sartén y deje a un lado en un calentador de tortillas o envuelva en una toalla de cocina. Utilice de inmediato o guarde en el refrigerador en una bolsa plástica resellable hasta por una semana.

INGREDIENTES:

1 cucharada de aceite vegetal

¾ de cucharadita de sal kosher

1 taza de agua, a temperatura ambiente

1 taza de harina de maíz

2 cucharadas de polvo para hornear

TORTILLAS CRUJIENTES

MÉTODO PARA HACER UNA TORTILLA CRUJIENTE:

1. Caliente alrededor de 1 pulgada de aceite en una sartén a fuego medio o medio-alto a 365°F.
2. Vierta las tortillas de una en una en el aceite utilizando pinzas. Deberían comenzar a chisporrotear de inmediato. Fría cada una durante 15 segundos, luego dele vuelta y doble la tortilla por la mitad, presionándola con pinzas por alrededor de 15 segundos hasta que esté crujiente.

TOSTADAS

TIEMPO DE PREPARACIÓN:
25 minutos

TIEMPO DE COCCIÓN:
2 minutos

PORCIONES: 12 tostadas
(círculos de 1 onza, y de 4
pulgadas de diámetro)

1. Siga las instrucciones de la tortilla hasta el paso 4.
2. Vierta alrededor de 1 pulgada de aceite en una sartén. Caliente a fuego medio-alto hasta que esté caliente y chisporrotee, a unos 350°F. (Si la piel de la tortilla no se ampolla al chocar contra el aceite, el aceite no está lo suficientemente caliente).
3. Fría las tortillas de una en una hasta que estén doradas por ambos lados, entre 45 segundos y 1 minuto por cada lado. (Puede usar pinzas metálicas para sumergir las tortillas en el aceite caliente, darles vuelta y sacar de la sartén). Al sacar las tortillas, deje escurrir completamente el aceite antes de proceder con el siguiente paso.
4. Coloque las tostadas en una bandeja forrada con papel toalla para absorber el exceso de aceite y espolvoree con un poco de sal kosher mientras están calientes.

INGREDIENTES:

Ingredientes para la tortilla:

Aceite vegetal, para freír

Sal kosher, para el acabado

TIEMPO DE PREPARACIÓN:
25 minutos

TIEMPO DE COCCIÓN:
6 minutos

PORCIONES: 12 tortillas
(círculos de 1,5 onzas, y de
5 pulgadas de diámetro)

INGREDIENTES:

1 taza de harina de maíz
azul

1 taza de harina de maíz
común

1⅓ tazas de agua, a
temperatura ambiente

¼ de cucharadita de sal
kosher

1 cucharada de mantequilla
sin sal, a temperatura
ambiente

2 cucharadas de aceite
vegetal, para engrasar la
sartén

TORTILLAS DE MAÍZ AZUL

1. Mezcle todos los ingredientes en un tazón, excepto el aceite, hasta integrar bien. La masa estará suelta al principio, pero se espesará a medida que la mezcla de harina absorba el líquido.

2. Comience a amasar la masa en un recipiente. La masa estará lista después de alrededor de 5 minutos, cuando esté compacta y no se pegue a sus manos. Deje reposar la masa durante 15 minutos cubierta con papel plástico.

3. Divida la masa en 12 bolas iguales, de 1,5 onzas cada una, y aplane cada bola en una prensa de tortillas (o utilizando el respaldo de un plato plano), presionando bien para hacer círculos de 5 pulgadas de diámetro.

4. Caliente a fuego medio-alto una sartén, plancha o parrilla grande engrasada. Cocine la tortilla hasta que esté dorada y crujiente (por alrededor de 3 minutos). Dele vuelta y dore durante 3 minutos más por el otro lado.

5. Retire de la sartén y coloque en un calentador de tortillas o envuelva en una toalla de cocina.

TORTILLAS ESPONJOSAS

Un poco de harina para todo uso en estas tortillas de maíz hace las veces de magia ya que les permite esponjarse. Estas tortillas, semejantes a una almohada, son deliciosas cuando se acompañan con morcilla abundante y puré de habas (página 40), lomito de cordero con costra de hierbas (página 276) o simplemente con aguacate a la plancha (página 291).

1. Bata 2 cucharadas de aceite, sal y agua en un tazón grande. Deje a un lado.

2. Mezcle la harina de maíz, la harina para todo uso y el polvo para hornear. Añada la mezcla de harina a la mezcla líquida, revolviendo hasta integrar bien. La masa estará suelta al principio, pero espesará a medida que la harina absorba el líquido.

3. Comience a amasar la masa en un recipiente. La masa estará lista para darle forma después de alrededor de 5 minutos, cuando esté compacta y no se pegue a sus manos.

4. Divida la masa en 24 bolas iguales, de 1 onza cada una, y aplane cada bola en una prensa para tortillas (o utilizando el respaldo de un plato plano), presionando ¾ partes del camino hacia abajo para hacer círculos de 4 pulgadas de diámetro.

5. Caliente a 350°F una sartén honda con suficiente aceite para freír. Coloque las tortillas esponjosas en aceite caliente por alrededor de 1 o 2 minutos hasta que estén doradas.

6. Retire del aceite y coloque en papel de cocina para absorber el exceso de aceite.

TIEMPO DE PREPARACIÓN:
20 minutos

TIEMPO DE COCCIÓN:
2–3 minutos

PORCIONES: 24 tortillas esponjosas

INGREDIENTES:

2 cucharadas de aceite vegetal, y más para freír*

1½ cucharaditas de sal kosher

1½ tazas de agua

2 tazas de harina de maíz

¼ de taza de harina para todo uso

2 cucharadas de polvo para hornear

---

* La cantidad de aceite necesaria para esta receta depende del tamaño de la olla o sartén. Añada suficiente aceite para que las tortillas esponjosas circulen alrededor de la sartén y se frían de manera más uniforme.

TIEMPO DE PREPARACIÓN:
10 minutos

TIEMPO DE COCCIÓN:
6 minutos

PORCIONES: 8 sopes
(de 2 onzas, y de 4
pulgadas de diámetro)

INGREDIENTES:

1 cucharada de aceite
vegetal

¾ de cucharadita de sal
kosher

1 taza de agua

1 taza de harina de maíz

2 cucharadas de polvo para
hornear

Aceite, para freír

SOPES

Con sus distintivos bordes rizados, estas pequeñas tortas de maíz fritas son un recipiente ideal para carnes braseadas o rellenos más jugosos. Los bordes convierten los amados sopes de México en tazones pequeños y crujientes.

1. Bata el aceite, la sal y el agua en un recipiente grande. Deje a un lado.

2. Mezcle la harina de maíz y el polvo para hornear. Agregue la mezcla de harina a la mezcla líquida, revolviendo hasta integrar bien. La masa estará suelta al principio, pero la harina absorberá el líquido.

3. Comience a amasar la masa en un recipiente. La masa estará lista para darle forma después de alrededor de 5 minutos cuando esté compacta y no se pegue a sus manos.

4. Divida la masa en 8 bolas iguales, de 2 onzas cada una, y aplane cada bola en una prensa para tortillas (o utilizando el respaldo de un plato plano), presionando a unas ¾ partes del camino hacia abajo para hacer círculos de 4 pulgadas de diámetro y alrededor de ¼ de pulgada de grosor.

5. Caliente una sartén, plancha o parrilla grande a fuego medio-alto. Cocine los sopes por 3 minutos hasta que estén dorados y crujientes. Deles vuelta y dore por el otro lado 2 minutos más.

6. Retire de la sartén. Ondule 3 líneas con los dedos en el centro del sope. (Esto ayudará a mantener la salsa o el relleno en su lugar). Presione la masa para crear un borde de ½ pulgada en los extremos del sope.

7. Antes de servir, vierta los sopes en una cacerola con aceite vegetal caliente (350°F) durante 3 segundos (un chapuzón rápido) y retire. Esto hará que los sopes queden crujientes y no se quemen.

TAMALES

Un buen tamal es uno de los grandes platos de confort de América Latina. Hechos con masa y envueltos en hojas de maíz, estos cilindros suaves y cálidos llenos de ricura se cocinan al vapor para lograr un acabado tierno.

TAMALES DE MAÍZ DULCE

1. Remoje las hojas de maíz en agua caliente por alrededor de 30 minutos antes de armar los tamales.
2. Vierta el agua, la mantequilla derretida, la leche, la sal y el huevo en un tazón grande.
3. Agregue el queso fresco y luego la harina de maíz.
4. Vierta el maíz dulce en un procesador de alimentos y procese durante 10 segundos. Agregue el maíz a la mezcla de harina y revuelva bien. Deje reposar la masa por 5 minutos.

PARA ARMAR LOS TAMALES:

1. Saque 3 cucharadas (2 onzas) de la mezcla de maíz y vierta en el centro de una hoja de maíz ablandada.
2. Doble los lados de la hoja sobre el relleno, y luego doble las partes superior e inferior de la hoja.
3. Haga tiras o cuerdas largas y delgadas con una hoja de maíz para envolver. Ate una cuerda de hoja de maíz en el centro del tamal y apriete para asegurarlo. (Puede utilizar una banda de caucho en lugar de una cuerda de hoja de maíz).
4. Cocine los tamales al vapor (en una vaporera de su elección) por 30 minutos.

TIEMPO DE PREPARACIÓN:
40 minutos

TIEMPO DE COCCIÓN:
30 minutos

PORCIONES: 15 tamales

INGREDIENTES:

1 paquete de hojas de maíz para envolver

1½ tazas de agua

4 onzas de mantequilla derretida

¼ de taza de leche

2 cucharaditas de sal kosher

1 huevo

¾ de taza de queso fresco

1⅓ tazas de harina de maíz precocida, o de masarepa (de paquete rojo)

1 taza de maíz amarillo dulce (en granos)

TIEMPO DE PREPARACIÓN:
15 minutos

TIEMPO DE COCCIÓN:
30 minutos

PORCIONES: 15 tamales

TAMALES DE PIMENTÓN ROJO ASADO

INGREDIENTES:

1 paquete de hojas de maíz para envolver

2 pimentones rojos, asados, sin semillas y pelados*

1 taza de agua

1¼ cucharadas de sal kosher

3 cucharadas de mantequilla, derretida

2 tazas de harina de maíz blanco precocida

1. Remoje las hojas de maíz en agua caliente por alrededor de 30 minutos antes de armar los tamales.
2. Vierta en una licuadora los pimentones rojos, sin semillas y pelados, el agua, la sal y la mantequilla.
3. Coloque la mezcla de los pimentones en un tazón grande y agregue la harina de maíz blanco. Combine los ingredientes hasta que tengan una consistencia suave.
4. Extienda una hoja de maíz ablandada en una superficie plana. Saque 3 cucharadas (2 onzas) de mezcla de maíz y vierta en el centro de la hoja.
5. Doble los lados de la hoja sobre el relleno, superpóngalos y luego doble las partes superior e inferior de la hoja hacia el centro.
6. Haga lazos para el tamal cortando una de las envolturas de hoja de maíz en tiras largas y delgadas. Ate una de las tiras alrededor del centro del tamal y apriete para asegurarlo. (Puede utilizar una banda de caucho en lugar de una cuerda de hoja de maíz).
7. Cocine los tamales al vapor (utilizando una vaporera de su elección) por 30 minutos.

---

* Necesitará 1 cucharada de aceite vegetal para asar los pimentones rojos. Ase los pimentones por 20 minutos y a 400°F en una asadera cubierta con papel aluminio y rociada con el aceite. Dé vuelta los pimentones y ase por 20 minutos más. Retire los pimentones, deje enfriar y luego retire la piel y las semillas. También puede asarlos colocando en la llama de la estufa y rotando cada pocos minutos. Si tiene prisa, puede utilizar pimentones asados en conserva.

TORTILLAS, AREPAS Y REINITAS DE MAÍZ TRILLADO BLANCO

El maíz trillado les añade textura y un elegante toque natural a las tortillas y arepas. Hay que remojarlo y molerlo, pero el esfuerzo para lograr resultados deliciosos bien vale la pena.

PREPARACIÓN DEL MAÍZ:

1. Muela el maíz frío utilizando el accesorio más pequeño de un triturador. Pase dos veces el maíz por el triturador.
2. Vierta el maíz con la sal, el queso y el aceite a la masa hasta que todos los ingredientes se incorporen.

PARA HACER TORTILLAS: VEA LA SECCIÓN «TORTILLAS», PÁGINA 22.

1. Divida la masa en 12 bolas iguales, de 1 onza cada una, y aplane en una prensa para tortillas (o utilizando el respaldo de un plato plano), presionando hacia abajo para formar círculos de 4 pulgadas de diámetro.
2. Caliente una sartén, plancha o parrilla grande a fuego medio-alto. Trabaje por tandas y coloque las tortillas en la sartén caliente. Cocine cada tortilla por alrededor de 4 minutos hasta que esté dorada y crujiente. Dele vuelta y dore por el otro lado, 4 minutos más.
3. Retire de la sartén y deje a un lado en un calentador de tortillas o envuelta en una toalla de cocina. Utilice de inmediato o guarde en una bolsa plástica resellable hasta por una semana en el refrigerador.

TIEMPO DE PREPARACIÓN:
30 minutos

TIEMPO DE COCCIÓN:
2 horas

PORCIONES: 12 tortillas (de 1,5 onzas cada una), 12 reinitas (de 1,5 onzas cada una) o 4 arepas (de 4 onzas cada una)

INGREDIENTES:

12 tazas de agua, para cocinar el maíz trillado

14 onzas de maíz blanco trillado, ablandado*

½ cucharada de sal kosher

1 taza de queso fresco o de queso blanco rallado

2 cucharadas de aceite vegetal (añada 1 cucharada para preparar las arepas)

(receta continúa)

---

* Los mejores resultados se dan remojando el maíz desde la noche anterior. De lo contrario, vierta el agua y el maíz en una olla y cocine a fuego medio por dos horas hasta que esté suave. Escurra el maíz y reserve el líquido para otra receta. Deje enfriar el maíz a un lado.

1. Divida la masa en 12 bolas iguales, de 1 onza cada una, y aplane cada bola entre sus palmas, formando empanadas de 2½ pulgadas de diámetro y alrededor de ½ pulgada de grosor.
2. Precaliente la freidora a 350°F.
3. Fría las reinitas en tandas de 3 o 4 por alrededor de 2½ minutos por cada lado hasta que estén doradas.
4. Coloque las reinitas fritas en un plato cubierto con papel toalla hasta el momento de usar.

PARA HACER AREPAS:

1. Divida la masa en 4 bolas iguales, de alrededor de 4 onzas cada una, y aplane cada masa entre sus manos para formar una tortita de 4 pulgadas de diámetro y ½ pulgada de grosor.
2. Caliente 1 cucharada de aceite por 2 minutos en una sartén grande antiadherente a fuego medio-bajo. Añada 3 o 4 arepas a la sartén (dependiendo del tamaño de la sartén). Las arepas deben chisporrotear al caer a la sartén.
3. Cocine las arepas por alrededor de 6 a 8 minutos hasta que estén doradas y tengan una corteza agradable. Deles vuelta y dore por el otro lado, de 6 a 8 minutos más. Cubra las arepas y cocine al vapor por 5 minutos más.

CAPÍTULO 2

FRIJOLES

Piensen que la capa de frijoles de un taco es la segunda base de este, la capa cremosa que precede a los ingredientes visibles del plato. Aunque los frijoles pueden sin duda ser protagonistas de su propio espectáculo, sobre todo en los platos vegetarianos (vea el capítulo de los tacos vegetarianos), también son geniales en su papel de respaldo.

Me encanta la adición rústica de una pasta abundante de frijol. Los frijoles dan contraste, tanto en sabor como en textura, y añaden un elemento lleno de sentimiento.

RECETAS CON FRIJOLES

PASTA DE FRIJOL NEGRO

1. Caliente el aceite a fuego medio-alto en una sartén. Agregue la cebolla, el ajo, el comino y los frijoles negros.
2. Rehogue por alrededor de 2 minutos. Triture luego los frijoles negros con un tenedor hasta que absorban el aceite, y forme una pasta con los frijoles.
3. Sazone los frijoles con sal y pimienta.

TIEMPO DE PREPARACIÓN:
5 minutos

TIEMPO DE COCCIÓN:
5 minutos

TIEMPO TOTAL: 10 minutos

PORCIONES: 4

INGREDIENTES:

½ taza de aceite de oliva

½ taza de cebolla blanca, cortada en cubos pequeños

1 cucharada de ajo, picado

½ cucharadita de comino en polvo

1 libra de frijoles negros cocinados

1 cucharadita de sal

½ cucharadita de pimienta

TIEMPO DE PREPARACIÓN:
5 minutos

TIEMPO DE COCCIÓN:
5 minutos

TIEMPO TOTAL: 10 minutos

PORCIONES: 4

INGREDIENTES:

¼ de taza de aceite vegetal

½ taza de cebolla blanca, cortada en cubos pequeños

1 cucharada de ajo, picado

1 libra de frijoles ojinegros cocinados

1 cucharadita de sal

½ cucharadita de pimienta

PASTA DE FRIJOL OJINEGRO

1. Caliente el aceite a fuego medio-alto en una sartén. Agregue la cebolla, el ajo y los frijoles ojinegros.

2. Sofría los frijoles, la cebolla y el ajo por alrededor de 2 minutos. Triture los frijoles ojinegros con un tenedor hasta que absorban el aceite, y forme una pasta.

3. Sazone con sal y pimienta. Retire la pasta de frijoles ojinegros del fuego.

TIEMPO DE PREPARACIÓN:
5 minutos

TIEMPO DE COCCIÓN:
5 minutos

TIEMPO TOTAL: 10 minutos

PORCIONES: 4

INGREDIENTES:

3 tazas de caldo de pollo

1 libra de habas descongeladas

1 cucharada de jugo de limón amarillo fresco

3 cucharadas de menta fresca, picada

3 cucharadas de cilantro fresco, picado

1 cucharadita de sal kosher

1 cucharadita de pimienta negra recién molida

PASTA DE HABAS

1. Vierta el caldo de pollo y hierva a fuego medio-alto en una cacerola mediana. Añada las habas, reduzca a fuego medio-bajo y cocine por alrededor de 5 minutos hasta que las habas estén tiernas.

2. Escurra las habas y reserve 1 taza del caldo. Vierta las habas, el caldo y el jugo de limón amarillo en una licuadora. Añada la menta y el cilantro y licúe hasta que la mezcla esté suave. Sazone con sal y pimienta.

PASTA DE GARBANZO

1. Caliente el aceite a fuego medio-alto en una sartén. Agregue la cebolla, el ajo, la paprika y los garbanzos.
2. Sofría los garbanzos por alrededor de 2 minutos. Vierta los garbanzos en una licuadora y licúe hasta formar una pasta suave.
3. Agregue la sal y la pimienta.

TIEMPO DE PREPARACIÓN:
5 minutos

TIEMPO DE COCCIÓN:
5 minutos

TIEMPO TOTAL: 10 minutos

PORCIONES: 4

INGREDIENTES:

½ taza de aceite vegetal

½ taza de cebolla blanca, cortada en cubos pequeños

1 cucharada de ajo, picado

½ cucharada de paprika

1 libra de garbanzos cocinados

1 cucharadita de sal

½ cucharadita de pimienta

PASTA DE FRIJOL PINTO

1. Caliente el aceite a fuego medio-alto en una sartén. Agregue la cebolla, el ajo, la paprika y los frijoles pintos.
2. Rehogue por alrededor de 2 minutos. Triture los frijoles pintos con un tenedor hasta que el aceite se absorba, y forme una pasta con los frijoles.
3. Sazone con sal y pimienta. Retire el puré de frijoles pintos del fuego.

TIEMPO DE PREPARACIÓN:
5 minutos

TIEMPO DE COCCIÓN:
5 minutos

TIEMPO TOTAL: 10 minutos

PORCIONES: 4

INGREDIENTES:

½ taza de aceite de oliva

½ taza de cebolla blanca, cortada en cubos pequeños

1 cucharada de ajo, picado

½ cucharada de paprika

1 libra de frijoles pintos cocinados

1 cucharadita de sal

½ cucharadita de pimienta

TIEMPO DE PREPARACIÓN:
5 minutos

TIEMPO DE COCCIÓN:
5 minutos

TIEMPO TOTAL: 10 minutos

PORCIONES: 4

INGREDIENTES:

¼ de taza de aceite vegetal

¼ de taza de aceite de oliva

½ taza de cebolla blanca, cortada en cubos pequeños

1 cucharada de ajo, picado

1 cucharadita de comino

1 libra de frijoles blancos cocinados

1 cucharadita de sal

½ cucharadita de pimienta

PASTA DE FRIJOL BLANCO

1. Caliente los aceites a fuego medio-alto en una sartén. Agregue la cebolla, el ajo, el comino y los frijoles blancos.

2. Rehogue por alrededor de 2 minutos. Triture los frijoles blancos con un tenedor hasta que el aceite se absorba, y forme una pasta con los frijoles.

3. Sazone con sal y pimienta. Retire el puré de frijoles blancos del fuego.

LAS COBERTURAS

CAPÍTULO 3

SALSAS

Una licuadora es un objeto hermoso: es rápida, eficiente y perfecta para los elementos propios de la salsa en una receta. Pero cuando se trata de extraer el sabor de los ingredientes, hay un artefacto rústico y antiguo que supera incluso a la licuadora más cara y moderna: un molcajete —un mortero mexicano— puede ser su mejor cómplice en la creación de espectaculares salsas para tacos.

Elaborado a menudo con piedra volcánica, la forma amplia del tazón del molcajete permite mezclar los ingredientes, ya sea que se machaquen para formar una pasta o una salsa gruesa. Un simple diente de ajo se transforma en un elemento verdaderamente aromático a medida que su sabor es liberado en el molcajete. Lo mismo ocurre con las hojas y los tallos de cilantro: pueden ser suaves si no se tocan, pero al ser golpeados en el tazón de piedra liberan su fragancia herbácea y embriagadora.

Piense que esta ingeniosa herramienta es el secreto para lograr salsas y pastas espectaculares. Varias de las siguientes recetas requieren de un molcajete —o de cualquier mortero grande de mano— para triturar los ingredientes. Como alternativa, por supuesto, puede preparar las recetas utilizando una licuadora.

Una licuadora, sin embargo, no siempre es una herramienta que sirve de atajo: es a menudo una necesidad. Algunas salsas de este capítulo, como la Salsa verde de cilantro, son mejores cuando se licúan para lograr una consistencia suave y cremosa.

RECETAS DE SALSAS

SALSA VERDE DE CILANTRO

Vierta todos los ingredientes en un procesador de alimentos y procese hasta mezclar bien.

TIEMPO DE PREPARACIÓN:
5 minutos

TIEMPO DE COCCIÓN:
5 minutos

TIEMPO TOTAL: 10 minutos

PORCIONES: 4

INGREDIENTES:

¾ de taza de cilantro fresco, finamente picado

El jugo de 2 limones

¼ de taza de aceite vegetal

½ cebolla pequeña, picada

1 diente de ajo

1 cucharadita de chile

1 hoja de lechuga iceberg

TIEMPO DE PREPARACIÓN:
5 minutos

TIEMPO DE COCCIÓN:
5 minutos

TIEMPO TOTAL: 10 minutos

PORCIONES: 4

INGREDIENTES:

3 cucharadas de aceite vegetal, y más para untar los tomates

2 chiles serranos, cortados a la mitad

1 cebolla roja, picada

4 dientes de ajo

6 tomates, cortados en mitades

El jugo de 2 limones

¼ de taza de cilantro fresco

Sal y pimienta, al gusto

SALSA DE TOMATES ASADOS

1. Caliente 3 cucharadas de aceite en una sartén o parrilla. Añada los chiles, la cebolla roja picada y el ajo, y cocine hasta que estén blandos.

2. Unte los tomates y los chiles serranos con aceite adicional y espolvoree con sal y pimienta al gusto. Ase los tomates y los chiles serranos sazonados a fuego alto de 10 a 15 minutos, dando vuelta cada pocos minutos, u hornee de 10 a 15 minutos a 450°F.

3. Coloque todos los ingredientes, incluyendo el jugo de limón, en un procesador de alimentos y añada el cilantro al final. Pulse un par de veces. Deje a un lado hasta el momento de usar.

TIEMPO DE PREPARACIÓN:
5 minutos

TIEMPO DE COCCIÓN:
10 minutos

TIEMPO TOTAL: 15 minutos

PORCIONES: 4

INGREDIENTES:

12 chiles de árbol

2 cucharadas de semillas de ajonjolí tostadas

1 diente de ajo asado

2 cucharaditas de sal

1 cucharada de agua de chile de árbol

2 cucharadas de vinagre blanco destilado

1 cucharada de agua

1 pizca de orégano seco

SALSA DE MOLCAJETE CON CHILE DE ÁRBOL Y SEMILLAS DE AJONJOLÍ

ANTES DE COMENZAR:

Hierva los chiles de árbol en agua por 5 minutos. Deje enfriar y reserve el agua.

PREPARACIÓN EN EL MOLCAJETE:

1. Vierta los chiles, las semillas de ajonjolí, el ajo, la sal y 1 cucharada de agua del chile de árbol en un molcajete.
2. Añada el vinagre, el agua y el orégano seco y mezcle bien. Utilice una mano de mortero para despedazar los ingredientes y formar una pasta.

PREPARACIÓN EN LA LICUADORA:

Vierta los chiles, las semillas de ajonjolí, el ajo, la sal, 1 cucharada de agua del chile de árbol, el vinagre y el agua en una licuadora y licúe a velocidad alta hasta que los ingredientes estén bien mezclados. Agregue el orégano y licúe 10 segundos más.

SALSA DE MOLCAJETE CON CHILE DE ÁRBOL

TIEMPO DE PREPARACIÓN:
5 minutos

TIEMPO DE COCCIÓN:
5 minutos

TIEMPO TOTAL: 10 minutos

PORCIONES: 4

ANTES DE COMENZAR:

Hierva los chiles de árbol en agua por 5 minutos. Deje enfriar y reserve el agua.

PREPARACIÓN EN EL MOLCAJETE:

1. Vierta los chiles, el ajo, la sal y 1 cucharada de agua del chile de árbol en un molcajete.
2. Añada el vinagre y el agua y mezcle bien. Utilice la mano del mortero para formar una salsa con los ingredientes.

PREPARACIÓN EN LA LICUADORA:

Licúe los chiles, el ajo, la sal, 1 cucharada de agua del chile de árbol, el vinagre y el agua a velocidad alta hasta que los ingredientes estén bien integrados.

INGREDIENTES:

12 chiles de árbol

1 diente de ajo asado

2 cucharaditas de sal

1 cucharada de agua de chile de árbol

1 onza de vinagre blanco

1 onza de agua

TIEMPO DE PREPARACIÓN:
5 minutos

TIEMPO DE COCCIÓN:
5 minutos

TIEMPO TOTAL: 10 minutos

PORCIONES: 4

INGREDIENTES:

2 tomatillos

½ jalapeño verde

2 cucharaditas de sal

3 ramitas de cilantro, y
más cilantro picado para
adornar

1 cucharada de chalotes
picados, para adornar

SALSA DE MOLCAJETE CON TOMATILLOS COCINADOS

ANTES DE COMENZAR:

1. Hierva los tomatillos en agua por 5 minutos. Deje enfriar en el agua donde los coció.
2. Hierva el jalapeño en agua por 5 minutos. Deje enfriar. Retire las semillas y coloque de nuevo en el agua donde los coció.

PREPARACIÓN EN EL MOLCAJETE:

1. Vierta los tomatillos, el jalapeño y la sal en un molcajete.
2. Agregue el cilantro y mezcle bien. Utilice una mano de mortero para despedazar los ingredientes y formar una salsa.
3. Adorne con chalotes, cilantro picado y sirva.

PREPARACIÓN EN LA LICUADORA:

Vierta los tomatillos, el jalapeño y la sal en una licuadora a velocidad media hasta que los ingredientes estén bien mezclados. Agregue el cilantro y mezcle durante otros 10 segundos. Adorne con chalotes, cilantro picado y sirva.

SALSA DE MOLCAJETE CON TOMATES Y CHILES DE ÁRBOL COCINADOS

TIEMPO DE PREPARACIÓN:
5 minutos

TIEMPO DE COCCIÓN:
5 minutos

TIEMPO TOTAL: 10 minutos

PORCIONES: 4

ANTES DE COMENZAR:

1. Hierva los chiles de árbol en agua por 5 minutos. Deje enfriar en el agua donde los coció.

2. Hierva el tomate en agua por 5 minutos. Deje enfriar en el agua donde lo coció.

PREPARACIÓN EN EL MOLCAJETE:

1. Vierta los chiles, el tomate y la sal en un molcajete.

2. Agregue el cilantro y mezcle bien. Utilice una mano de mortero para despedazar los ingredientes y formar una salsa.

PREPARACIÓN EN LA LICUADORA:

Vierta el chile, el tomate y la sal en una licuadora a velocidad media hasta que los ingredientes estén bien integrados. Agregue el cilantro y licúe por 10 segundos más.

INGREDIENTES:

2 chiles de árbol

1 tomate

1 cucharadita de sal

2 ramitas de cilantro

TIEMPO DE PREPARACIÓN:
5 minutos

TIEMPO DE COCCIÓN:
5 minutos

TIEMPO TOTAL: 10 minutos

PORCIONES: 4

INGREDIENTES:

2 chiles de árbol

1½ tomates

1½ tomatillos

1 cucharadita de sal

½ cucharadita de vinagre de coco

1 ramita de cilantro

1 pizca de orégano seco

SALSA DE MOLCAJETE CON TOMATES COCINADOS Y TOMATILLOS ASADOS

ANTES DE COMENZAR:

1. Hierva los chiles de árbol en agua por 5 minutos. Deje enfriar en el agua donde los coció.

2. Hierva los tomates en agua por 5 minutos. Deje enfriar en el agua donde los coció.

3. Ase los tomatillos hasta que estén carbonizados por todos los lados.

PREPARACIÓN EN EL MOLCAJETE:

1. Vierta los chiles, el tomate y medio y la sal en un molcajete.

2. Agregue el vinagre, el cilantro y el orégano, y mezcle bien.

3. Utilice una mano de mortero para despedazar los ingredientes y formar una salsa. Añada tomatillo y medio y mezcle bien.

PREPARACIÓN EN LA LICUADORA:

Vierta los chiles, los tomates y la sal en una licuadora y licúe a velocidad media hasta que los ingredientes estén bien integrados. Añada los tomatillos y el vinagre y licúe. Agregue el cilantro y el orégano, y licúe 10 segundos más.

SALSA DE MOLCAJETE CON TOMATILLOS ASADOS

TIEMPO DE PREPARACIÓN:
5 minutos

TIEMPO DE COCCIÓN:
5 minutos

TIEMPO TOTAL: 10 minutos

PORCIONES: 4

ANTES DE COMENZAR:

1. Hierva los tomatillos en agua por 5 minutos. Deje enfriar en el agua donde los coció.
2. Hierva el jalapeño en agua por 5 minutos. Deje enfriar. Retire las semillas.
3. Ase el tomatillo hasta que esté carbonizado por todos los lados.
4. Ase el jalapeño hasta que esté carbonizado por todos los lados.

PREPARACIÓN EN EL MOLCAJETE:

1. Vierta los tomatillos cocinados, el jalapeño hervido y la sal en un molcajete.
2. Añada el tomatillo, el jalapeño y la cebolla asados y mezcle bien. Agregue el cilantro y mezcle bien.
3. Utilice una mano de mortero para despedazar los ingredientes y formar una salsa.

PREPARACIÓN EN LA LICUADORA:

1. Vierta los tomatillos cocinados, el jalapeño hervido y la sal en una licuadora, y licúe a velocidad media hasta que los ingredientes estén bien integrados.
2. Añada el tomatillo, el jalapeño y la cebolla asados y licúe bien. Agregue el cilantro y licúe 10 segundos más.

INGREDIENTES:

2 tomatillos, para hervir

½ jalapeño verde, para hervir

1 tomatillo, para asar

½ jalapeño verde, para asar

2 cucharaditas de sal

1 cucharada de cebolla asada

3 ramitas de cilantro

TIEMPO DE PREPARACIÓN:
5 minutos

TIEMPO DE COCCIÓN:
5 minutos

TIEMPO TOTAL: 10 minutos

PORCIONES: 4

INGREDIENTES:

2 chiles de árbol

1 tomate, para hervir

1 tomate, para asar

2 cucharaditas de sal

1 diente de ajo, asado

1 cucharada de cebolla asada, picada

2 ramitas de cilantro

SALSA DE MOLCAJETE CON TOMATE

ANTES DE COMENZAR:

1. Tueste el chile de árbol en una sartén a fuego alto para liberar los aceites.
2. Hierva 1 tomate en agua por 5 minutos. Deje enfriar en el agua donde los coció.
3. Ase el otro tomate hasta carbonizar por todos los lados.

PREPARACIÓN EN EL MOLCAJETE:

1. Vierta los chiles, los tomates y la sal en un molcajete.
2. Agregue el ajo, la cebolla y el cilantro, y mezcle bien.
3. Utilice una mano de mortero para despedazar los ingredientes y formar una salsa.

PREPARACIÓN EN LA LICUADORA:

Vierta los chiles, los tomates y la sal en una licuadora y licúe a velocidad media hasta que los ingredientes estén bien integrados. Agregue el ajo, la cebolla y el cilantro y licúe bien.

SALSA PICANTE DE MANGO

1. Vierta el mango, el agua y el azúcar en una cacerola y cocine a fuego medio-bajo por alrededor de 10 minutos hasta ablandar. Deje enfriar.
2. Vierta la mezcla fría de agua de mango y azúcar en una licuadora. Agregue los ingredientes restantes y licúe hasta que estén suaves. Deje a un lado hasta el momento de usar.

TIEMPO DE PREPARACIÓN:
5 minutos

TIEMPO DE COCCIÓN:
12 minutos

TIEMPO TOTAL: 17 minutos

PORCIONES: 4

INGREDIENTES:

2 tazas de mango maduro, pelado y en cubos

1½ tazas de agua

1 cucharada de azúcar

4 cucharadas de ají rocoto

1 cucharada de vinagre de coco

½ cucharada de aceite vegetal

2 cucharaditas de sal kosher

1 cucharada de jugo de limón amarillo

SALSA PICANTE DE DURAZNO Y CHIPOTLE

1. Cocine el azúcar y ¼ de taza de agua en una olla pequeña a fuego medio por 10 minutos hasta que el agua se reduzca.
2. Chamusque el chipotle en una cacerola mediana para liberar los aceites. Añada los duraznos y el ajo y cocine hasta que el ajo esté dorado. Agregue la taza de agua restante. Cocine a fuego lento por 20 minutos hasta que los chipotles se rehidraten. Deje enfriar.
3. Vierta todos los ingredientes —incluyendo el aceite y la sal— en una licuadora y licúe hasta que estén cremosos.

TIEMPO DE PREPARACIÓN:
5 minutos

TIEMPO DE COCCIÓN:
25 minutos

TIEMPO TOTAL: 30 minutos

PORCIONES: 4

INGREDIENTES:

¼ de taza de azúcar

1¼ tazas de agua

2 chiles chipotles secos

6 duraznos frescos, pelados y picados

1 cucharada de ajo

2 cucharadas de aceite vegetal

2 cucharaditas de sal kosher

SALSA VERDE CRUDA

Licúe todos los ingredientes en una licuadora hasta que estén líquidos.

TIEMPO DE PREPARACIÓN:
5 minutos

TIEMPO DE COCCIÓN:
5 minutos

TIEMPO TOTAL: 10 minutos

PORCIONES: 4

INGREDIENTES:

2 a 3 hojas de lechuga tipo *baby*, o de espinaca

¼ de jalapeño

1 cebolla

2 cucharaditas de sal

2 tomatillos, en cuartos

5 ramitas de cilantro

TIEMPO DE PREPARACIÓN:
5 minutos

TIEMPO DE COCCIÓN:
5 minutos

TIEMPO TOTAL: 10 minutos

PORCIONES: 4

INGREDIENTES:

½ taza de ají rocoto, fresco

3 cucharadas de aceite vegetal

El jugo de 2 limones

3 ramitas de cilantro o perejil

SALSA PICANTE DE ROCOTO

Vierta todos los ingredientes en un procesador de alimentos. Procese hasta mezclar bien.

SALSA DE TOMATES CRUDOS

TIEMPO DE PREPARACIÓN:
5 minutos

TIEMPO DE COCCIÓN:
5 minutos

TIEMPO TOTAL: 10 minutos

PORCIONES: 4

Vierta el tomate, el jalapeño, la cebolla y la sal en una licuadora. Licúe hasta que estén líquidos. Agregue aceite y orégano, y licúe por 10 segundos más.

INGREDIENTES:

2 tomates, en cuartos

¼ de jalapeño

1 cebolla

2 cucharaditas de sal

2 cucharadas de aceite de oliva

3 o 4 hojas de orégano fresco

CAPÍTULO 4

PICOS

Los picos son mucho más que unos pocos tomates, cebollas y chiles picados. En este capítulo, encontrará más de una docena de formas de picos llenos de sabor y textura, para personalizar sus tacos con un nuevo estilo. Los picos son tan versátiles como los ingredientes que tenga en el refrigerador. Hágalos picantes o dulces, o picantes y dulces. Hágalos ácidos, herbáceos y siempre frescos.

En este capítulo, haremos un pico brasileño que está lleno de pimentones y jalapeños, un pico tachonado con pimentón cereza, un agradable pico con maíz y chile poblano, un pico de aguacate mentolado, un pico de maíz peruano, un pico verde herboso, un pico dulce y picante de piña, un pico picante con chile serrano, un pico especiado de durazno y maíz y un refrescante pico de pepino y tomate.

Un consejo importante: corte los ingredientes en dados o pique en tamaños iguales. De esta manera, podrá maximizar los sabores de su pico y evitar que haya un ingrediente en exceso y demasiado poco de otro en un solo bocado.

Una palabra sobre las salsas de guasacaca al estilo venezolano: una vez que las haya descubierto, querrá añadírselas a todo. Esta es una salsa que siempre está disponible en mi casa cuando enciendo la parrilla; la puede añadir a casi cualquier cosa que lleve a la parrilla. La guasacaca obtiene su exuberante calidad de los aguacates, y su fuerte sabor de las especias y las hierbas aromáticas. Pero antes de que la llame guacamole, sepa que esta salsa es también más ligera y fuerte que el guacamole clásico. También es más ácida, ya que combina el jugo de limón y el vinagre, adquiriendo así una naturaleza intensa.

Hablando de acidez: es importante seleccionar el tazón con cuidado. Las recetas que contienen ingredientes ácidos como jugos cítricos o tomates se preparan mejor en tazones no reactivos (tales como vidrio, cerámica, acero inoxidable o de hierro fundido y esmaltado). Esto evita que la salsa adquiera ese sabor metálico que se presenta con frecuencia cuando los ingredientes ácidos entran en contacto con metales como el cobre, el aluminio y el hierro.

RECETAS DE PICOS

PICO DE GALLO

TIEMPO DE PREPARACIÓN:
5 minutos

TIEMPO DE COCCIÓN:
20 minutos

TIEMPO TOTAL: 25 minutos

PORCIONES: 4

1. Mezcle los tomates, la cebolla, el jalapeño y el cilantro con el jugo de limón amarillo y el aceite vegetal en un recipiente no reactivo. Sazone con sal y pimienta.
2. Deje reposar el pico de gallo de 15 a 20 minutos a temperatura ambiente antes de servir.

INGREDIENTES:

2 tomates maduros, cortados en cubos pequeños

½ cebolla blanca, cortada en cubos pequeños

1 jalapeño rojo, cortado en dados pequeños

2 cucharadas de cilantro fresco, finamente picado

2 cucharadas de jugo de limón amarillo

½ cucharada de aceite vegetal

Sal kosher

Pimienta negra recién molida

PICO DE GALLO BRASILEÑO

1. Vierta los tomates, los pimentones, la cebolla, el jalapeño y el perejil en un recipiente no reactivo. Mezcle con vinagre, jugo de limón, aceite de oliva y agua. Sazone con sal.
2. Deje reposar el pico de 15 a 20 minutos a temperatura ambiente antes de servir.

TIEMPO DE PREPARACIÓN:
5 minutos

TIEMPO DE COCCIÓN:
20 minutos

TIEMPO TOTAL: 25 minutos

PORCIONES: 4

INGREDIENTES:

2 tomates maduros, cortados en cubos pequeños

½ taza de pimentón verde, cortado en cubos pequeños

½ taza de pimentón rojo, cortado en cubos pequeños

2 cebollas amarillas, cortadas en cubos pequeños

1 jalapeño rojo, cortado en cubos pequeños

3 cucharadas de perejil liso, finamente picado

4 cucharadas de vinagre blanco destilado

2 cucharadas de jugo de limón

3 cucharadas de aceite de oliva extra virgen

3 cucharadas de agua

1 cucharadita de sal kosher

TIEMPO DE PREPARACIÓN:
5 minutos

TIEMPO DE COCCIÓN:
20 minutos

TIEMPO TOTAL: 25 minutos

PORCIONES: 4

INGREDIENTES:

24 pimentones cereza
frescos, sin semillas
y cortados en cubos
pequeños

⅓ de taza de chalotes,
cortados en cubos
pequeños

2 cucharadas de cilantro,
finamente picado

1 cucharadita de ajo, picado

1 cucharadita de sal kosher

1 cucharadita de pimienta
negra fresca

¼ de taza de vinagre de
coco

¼ de taza de aceite de oliva

¼ de taza de aceite vegetal

PICO DE GALLO CON PIMENTONES CEREZA

Mezcle todos los ingredientes en un recipiente no reactivo.
Deje reposar el pico por 20 minutos a temperatura ambiente
antes de servir.

PICO DE GALLO CON MAÍZ Y CHILE POBLANO

Mezcle los tomates, el maíz, el chile poblano, la cebolla, el jalapeño y el cilantro con jugo de limón amarillo y aceite vegetal en un recipiente no reactivo. Sazone con sal y pimienta. Deje reposar de 15 a 20 minutos a temperatura ambiente antes de servir.

TIEMPO DE PREPARACIÓN:
5 minutos

TIEMPO DE COCCIÓN:
10 minutos

TIEMPO TOTAL: 15 minutos

PORCIONES: 4

INGREDIENTES:

2 tomates maduros, cortados en cubos pequeños

1 taza de granos de maíz, asados

½ taza de chiles poblanos, cortados en cubos pequeños

½ cebolla blanca, cortada en cubos pequeños

1 jalapeño rojo, cortado en dados pequeños

2 cucharadas de cilantro fresco, finamente picado

2 cucharadas de jugo de limón amarillo

½ cucharada de aceite vegetal

Sal kosher

Pimienta negra recién molida

TIEMPO DE PREPARACIÓN:
5 minutos

TIEMPO DE COCCIÓN:
20 minutos

TIEMPO TOTAL: 25 minutos

PORCIONES: 4

INGREDIENTES:

2 tomates maduros, cortados en cubos pequeños

1 aguacate, cortado en dados pequeños

½ cebolla blanca, cortada en cubos pequeños

1 jalapeño rojo, cortado en dados pequeños

2 cucharadas de cilantro fresco, finamente picado

2 cucharadas de menta fresca, finamente picada

2 cucharadas de jugo de limón amarillo

½ cucharada de aceite vegetal

Sal kosher

Pimienta negra recién molida

PICO DE GALLO CON AGUACATE Y MENTA

1. Mezcle los tomates, el aguacate, la cebolla, el jalapeño, el cilantro y la menta con jugo de limón amarillo y aceite vegetal en un recipiente no reactivo. Sazone con sal y pimienta.

2. Deje reposar el pico de gallo de 15 a 20 minutos a temperatura ambiente antes de servir.

PICO DE GALLO CON MAÍZ PERUANO

1. Mezcle los tomates, el maíz peruano, la cebolla, el jalapeño y el cilantro con jugo de limón amarillo y aceite vegetal en un recipiente no reactivo. Sazone con sal y pimienta.

2. Deje reposar el pico de gallo de 15 a 20 minutos a temperatura ambiente antes de servir.

TIEMPO DE PREPARACIÓN:
5 minutos

TIEMPO DE COCCIÓN:
20 minutos

TIEMPO TOTAL: 25 minutos

PORCIONES: 4

INGREDIENTES:

2 tomates maduros, cortados en cubos pequeños

½ taza de maíz peruano, cocinado o al vapor

½ cebolla blanca, cortada en cubos pequeños

1 jalapeño rojo, cortado en dados pequeños

2 cucharadas de cilantro fresco, finamente picado

2 cucharadas de jugo de limón amarillo

½ cucharada de aceite vegetal

Sal kosher

Pimienta negra recién molida

TIEMPO DE PREPARACIÓN:
5 minutos

TIEMPO DE COCCIÓN:
20 minutos

TIEMPO TOTAL: 25 minutos

PORCIONES: 4

INGREDIENTES:

¼ de taza de puerros, sólo la parte blanca, cortados en cubos pequeños

1 chile poblano, sin semillas y cortado en dados pequeños

1 pimentón Anaheim, sin semillas y cortado en dados pequeños

1 chile jalapeño verde, sin semillas y cortado en dados pequeños

1 tomatillo, sin semillas y cortado en cubos pequeños

2 cucharadas de cilantro fresco, finamente picado

2 cucharadas de perejil italiano fresco, finamente picado

1 cucharada de menta fresca, finamente picada

1 cucharadita de tomillo fresco, finamente picado

½ taza de vinagre blanco

¼ de taza de aceite de oliva

¼ de taza de aceite vegetal

PICO VERDE

Mezcle todos los ingredientes en un recipiente no reactivo. Combine bien y deje reposar 20 minutos a temperatura ambiente antes de servir el pico.

PICO DE GALLO CON PIÑA

1. Mezcle los tomates, la cebolla, el jalapeño, la piña y el cilantro con el jugo de limón amarillo y el aceite vegetal en un recipiente no reactivo. Sazone con sal y pimienta.
2. Deje reposar el pico de 15 a 20 minutos a temperatura ambiente antes de servir.

TIEMPO DE PREPARACIÓN:
5 minutos

TIEMPO DE COCCIÓN:
20 minutos

TIEMPO TOTAL: 25 minutos

PORCIONES: 4

INGREDIENTES:

2 tomates maduros, cortados en cubos pequeños

½ cebolla blanca, cortada en cubos pequeños

1 jalapeño rojo, cortado en dados pequeños

½ taza de piña, cortada en cubos pequeños

2 cucharadas de cilantro fresco, finamente picado

2 cucharadas de jugo de limón amarillo

½ cucharada de aceite vegetal

Sal kosher

Pimienta negra recién molida

TIEMPO DE PREPARACIÓN:
5 minutos

TIEMPO DE COCCIÓN:
20 minutos

TIEMPO TOTAL: 25 minutos

PORCIONES: 4

INGREDIENTES:

4 tomates grandes
—alrededor de 2,5 libras
en total—, sin semillas y
picados

1 taza de cebolla blanca,
picada

5 cucharaditas de ajo,
picado

4 chiles serranos, sin
semillas ni tallos, picados

¼ de taza de cilantro fresco,
picado

2 cucharadas de jugo de
limón fresco

½ cucharadita de sal kosher

PICO DE GALLO CON SALSA DE CHILE SERRANO

Mezcle todos los ingredientes en un recipiente no reactivo
y deje a un lado hasta el momento de usar.

PICO DE GALLO PICANTE CON DURAZNO, MAÍZ Y TOMATE

TIEMPO DE PREPARACIÓN:
5 minutos

TIEMPO DE COCCIÓN:
20 minutos

TIEMPO TOTAL: 25 minutos

PORCIONES: 4

Mezcle todos los ingredientes en un recipiente no reactivo. Combine bien y deje reposar por 20 minutos a temperatura ambiente antes de servir.

INGREDIENTES:

1 pimentón de cayena fresco, cortado en cubos pequeños

¾ de taza de duraznos, asados y cortados en cubos pequeños

½ taza de granos de maíz, asados

½ taza de tomates frescos, cortados en cubos pequeños

¼ de taza de cilantro fresco, finamente picado

½ cucharada de menta fresca, finamente picada

El jugo de 1 limón

1 cucharada de vinagre blanco

¼ de taza de aceite de oliva

1 cucharadita de sal kosher

1 cucharadita de azúcar

TIEMPO DE PREPARACIÓN:
5 minutos

TIEMPO DE COCCIÓN:
15 minutos

TIEMPO TOTAL: 20 minutos

PORCIONES: 4

INGREDIENTES:

2 tomates maduros, cortados en cubos pequeños

1 taza de pepino, cortado en dados pequeños

½ cebolla roja, cortada en cubos pequeños

1 jalapeño rojo, cortado en dados pequeños

2 cucharadas de cilantro fresco, finamente picado

2 cucharadas de jugo de limón amarillo

½ cucharada de aceite vegetal

Sal kosher

Pimienta negra recién molida

PICO DE GALLO PICANTE CON PEPINO Y TOMATE

Mezcle los tomates, el pepino, la cebolla, el jalapeño y el cilantro con jugo de limón amarillo y aceite vegetal en un recipiente no reactivo. Sazone con sal y pimienta. Deje reposar el pico de 15 a 20 minutos a temperatura ambiente antes de servir.

SALSA DE PIMENTONES PICANTES

1. Mezcle el azúcar, el vinagre de coco y el vinagre blanco en un recipiente no reactivo, hasta que el azúcar se disuelva.
2. Añada los chiles cachucha, el pimentón de cayena, la cebolla roja, el ajo, el jugo de limón amarillo, la sal, el aceite vegetal y el aceite de oliva.
3. Deje reposar la salsa 30 minutos a temperatura ambiente antes de servir, o guarde en un frasco hermético hasta por 4 semanas.

TIEMPO DE PREPARACIÓN:
5 minutos

TIEMPO DE COCCIÓN:
30 minutos

TIEMPO TOTAL: 35 minutos

PORCIONES: 4

INGREDIENTES:

1 cucharada de azúcar

¼ de taza de vinagre de coco

½ taza de vinagre blanco destilado

1 taza de chiles cachucha, en cubos pequeños

2 pimentones de cayena frescos, cortados en cubos pequeños

¼ de taza de cebolla roja, cortada en cubos pequeños

1 cucharadita de ajo, picado

El jugo de 1 de limón amarillo

1½ cucharaditas de sal kosher

2 cucharadas de aceite vegetal

1 cucharada de aceite de oliva

TIEMPO DE PREPARACIÓN:
5 minutos

TIEMPO DE COCCIÓN:
10 minutos

TIEMPO TOTAL: 15 minutos

PORCIONES: 4

INGREDIENTES:

3 aguacates Hass, cortados en cubos pequeños

1 cebolla roja pequeña, cortada en cubos pequeños

3 cebolletas, cortadas en cubos pequeños

2 dientes de ajo, picados

1 pimentón rojo, cortado en dados pequeños

1 pimentón verde, cortado en cubos pequeños

1 puerro, sólo la parte blanca, cortado en cubos pequeños

El jugo de 3 limones

2 cucharadas de vinagre blanco

1 taza de aceite de oliva o de aceite vegetal

1 manojo de cilantro fresco, finamente picado

1 cucharada de sal kosher

1 cucharadita de azúcar

1 cucharadita de pimienta negra

GUASACACA

Mezcle todos los ingredientes en un recipiente no reactivo y deje reposar por 10 minutos antes de servir. Si no va a utilizar de inmediato, refrigere hasta el momento de usar.

GUASACACA PICANTE

Mezcle todos los ingredientes en un recipiente no reactivo y deje reposar por 10 minutos hasta el momento de usar. Si no va a servir de inmediato, refrigere la salsa hasta que esté lista y disfrútela.

TIEMPO DE PREPARACIÓN:
5 minutos

TIEMPO DE COCCIÓN:
10 minutos

TIEMPO TOTAL: 15 minutos

PORCIONES: 4

INGREDIENTES:

3 aguacates Hass, cortados en cubos pequeños

1 jalapeño verde, cortado en cubos pequeños

1 jalapeño verde, sin semillas, desvenado y cortado en cubos pequeños

1 cebolla roja pequeña, cortada en cubos pequeños

3 cebolletas, cortadas en cubos pequeños

2 dientes de ajo, picados

1 pimentón rojo, cortado en dados pequeños

1 pimentón verde, cortado en cubos pequeños

1 puerro, sólo la parte blanca, cortado en cubos pequeños

El jugo de 3 limones

2 cucharadas de vinagre blanco

1 taza de aceite de oliva o aceite vegetal

1 manojo de cilantro fresco, finamente picado

1 cucharada de sal kosher

1 cucharadita de azúcar

1 cucharadita de pimienta negra

TIEMPO DE PREPARACIÓN:
5 minutos

TIEMPO DE COCCIÓN:
10 minutos

TIEMPO TOTAL: 15 minutos

PORCIONES: 4

INGREDIENTES:

1 cebolla roja pequeña, cortada en cubos pequeños

3 cebolletas, cortadas en cubos pequeños

2 dientes de ajo, picados

2 pimentones verdes, cortados en cubos pequeños

1 puerro, sólo la parte blanca, cortado en cubos pequeños

El jugo de 3 limones

2 cucharadas de vinagre blanco

1 taza de aceite de oliva o aceite vegetal

1 manojo de cilantro fresco, finamente picado

1 manojo de perejil italiano, finamente picado

1 cucharada de orégano fresco, finamente picado

1 cucharada de sal kosher

1 cucharadita de azúcar

1 cucharadita de pimienta negra

GUASACACA VERDE

Mezcle todos los ingredientes en un tazón no reactivo y deje reposar por 10 minutos antes de servir. Si no va a servir de inmediato, refrigere la salsa hasta el momento de usar.

CAPÍTULO 5

ENCURTIDOS

Un taco no está completamente aderezado sin un acompañamiento digno de vegetales encurtidos en vinagre o en una salsa recién hecha. Las cebollas, los rábanos y otros vegetales encurtidos añaden ese componente deliciosamente salobre a un plato de tacos. En las capas de sabores que componen cualquiera de nuestros combos de los *Nuevos tacos clásicos*, siempre hay lugar para un encantador toque de acidez. Y esto es precisamente lo que dan las siguientes recetas al banquete de los tacos.

RECETAS DE ENCURTIDOS

CEBOLLAS ENCURTIDAS

Mezcle la cebolla, el vinagre, el agave, el cilantro y el aceite de oliva en un tazón pequeño. Sazone con sal y pimienta, y deje reposar la mezcla por 1 hora a temperatura ambiente.

TIEMPO DE PREPARACIÓN:
10 minutos

TIEMPO DE COCCIÓN:
1 hora

TIEMPO TOTAL: 1 hora, 10 minutos

PORCIONES: 4

INGREDIENTES:

¾ de taza de cebolla roja, cortada en rodajas delgadas

¼ de taza de vinagre de vino tinto

1 cucharada de jarabe de agave

1 cucharada de cilantro fresco, finamente picado

2 cucharadas de aceite de oliva

Sal kosher

Pimienta negra

TIEMPO DE PREPARACIÓN:
10 minutos

TIEMPO DE COCCIÓN:
30 minutos

TIEMPO TOTAL: 40 minutos

PORCIONES: 4

INGREDIENTES:

3 cucharadas de jugo de limón

2 cucharadas de vinagre blanco destilado

½ cucharada de azúcar

1 cucharada de aceite vegetal

1 cucharadita de sal kosher

1 cucharadita de pimienta

1 taza (compacta) de cebolla roja, en rodajas delgadas

1 cucharada de cilantro o perejil fresco, finamente picado

CEBOLLAS ENCURTIDAS CON LIMÓN

Mezcle el jugo de limón, el vinagre, el azúcar, el aceite vegetal, la sal y la pimienta en un tazón. Añada las cebollas rojas y el cilantro o perejil. Refrigere por un mínimo de 30 minutos antes de servir.

CEBOLLAS PICANTES Y ENCURTIDAS

Mezcle la cebolla, el vinagre, el agave, el aceite de oliva, el cilantro y el jalapeño rojo en un tazón pequeño. Sazone con sal y pimienta y deje reposar la mezcla por 1 hora a temperatura ambiente antes de servir.

TIEMPO DE PREPARACIÓN:
10 minutos

TIEMPO DE COCCIÓN:
1 hora

TIEMPO TOTAL: 1 hora, 10 minutos

PORCIONES: 4

INGREDIENTES:

¾ de taza de cebolla roja, cortada en rodajas delgadas

¼ de taza de vinagre de vino tinto

1 cucharada de jarabe de agave

2 cucharadas de aceite de oliva

1 cucharada de cilantro fresco, finamente picado

1 jalapeño rojo grande, cortado en rodajas delgadas

Sal kosher

Pimienta negra

TIEMPO DE COCCIÓN:
10 minutos

TIEMPO TOTAL: 20 minutos

PORCIONES: 4

INGREDIENTES:

1 taza de rábanos sandía, en rodajas delgadas

⅓ de taza de vinagre de coco

1 taza de agua

1 cucharada de jarabe de agave

1 cucharadita de sal kosher

1 cucharadita de mostaza en polvo

RÁBANOS SANDÍA

1. Coloque los rábanos en un frasco hermético de tamaño mediano.

2. Mezcle el vinagre, el agua, el agave, la sal y la mostaza en un tazón. Vierta la mezcla líquida sobre los rábanos. Cubra y refrigere el frasco por un mínimo de 1 hora, o hasta el momento de usar.

SALSA CRIOLLA

TIEMPO DE PREPARACIÓN:
10 minutos

TIEMPO DE COCCIÓN:
10 minutos

TIEMPO TOTAL: 20 minutos

PORCIONES: 4

1. Vierta la cebolla con 3 cucharaditas de sal en un tazón mediano. Mezcle bien y deje el tazón a un lado por 10 minutos.
2. Vierta la cebolla en un colador y enjuague bien con agua fría. Deje escurrir bien.
3. Coloque la cebolla escurrida en un tazón. Sazone con la cucharadita restante de sal y pimienta. Agregue el aceite y revuelva para mezclar bien.
4. Añada el ají amarillo, el jugo de limón, el vinagre y el cilantro. Mezcle bien y deje reposar la salsa por 10 minutos para que los sabores se integren.
5. Si es necesario, rectifique los condimentos antes de servir la salsa.

INGREDIENTES:

2 cebollas rojas, cortadas en rodajas delgadas

4 cucharaditas de sal kosher, divididas

½ cucharadita de pimienta negra

1 cucharada de aceite de oliva

1 ají amarillo, cortado en rodajas delgadas

El jugo de 2 limones

2 cucharadas de vinagre de coco

¼ de taza de cilantro fresco, finamente picado

TIEMPO DE PREPARACIÓN:
10 minutos

TIEMPO DE COCCIÓN:
20 minutos

TIEMPO TOTAL: 30 minutos

PORCIONES: 4

INGREDIENTES:

2 cebollas rojas

¼ de taza de jugo de limón amarillo

¼ de taza de vinagre blanco

¼ de taza de azúcar

1 taza de maíz peruano, cocinado o al vapor

1½ cucharaditas de sal kosher

¼ de taza de cilantro fresco

SALSA CRIOLLA DE MAÍZ PERUANO

1. Corte las cebollas con una mandolina.
2. Mezcle el jugo de limón amarillo, el vinagre y el azúcar en un tazón hasta que todos los ingredientes estén bien integrados. Agregue el maíz peruano.
3. Añada la cebolla, la sal y el cilantro al tazón y revuelva para mezclar. Deje reposar la salsa a temperatura ambiente por un mínimo de 20 minutos antes de servir.

TIEMPO DE PREPARACIÓN:
10 minutos

TIEMPO DE COCCIÓN:
30 minutos

TIEMPO TOTAL: 40 minutos

PORCIONES: 4

INGREDIENTES:

⅓ de taza de vinagre de arroz

⅓ de taza de jarabe de agave

1 cucharadita de sal kosher

1 cucharadita de pimienta

1 taza (compacta) de cebollas rojas en rodajas delgadas

½ cucharada de cilantro o perejil fresco, finamente picado

CEBOLLAS AGRIDULCES

1. Mezcle el vinagre, el agave, la sal y la pimienta en un tazón.
2. Agregue las cebollas rojas y el cilantro o perejil, y revuelva para mezclar los ingredientes. Refrigere por un mínimo de 30 minutos antes de servir.

CAPÍTULO 6

CREMAS

e encanta batir una crema sabrosa para rematar alguno de mis platos de tacos. Las cremas añaden contraste y dan un toque de refinamiento a la combinación de ingredientes de los tacos. Es esa capa cremosa la que contrasta con la tortilla frita crujiente o con una ensalada crujiente.

He simplificado el proceso para usted, creando variaciones de cremas que utilizan la misma base, o una similar. A esta base, le podemos agregar, quitar o sustituir ingredientes para dar a cada crema su propio perfil de sabor.

Un consejo rápido: si le parece que la crema se espesa demasiado después de guardarla en el refrigerador, agregue 1 o 2 cucharadas de agua y revuelva para restaurar toda su cremosidad.

RECETAS DE CREMAS

CREMA DE AGUACATE

Vierta el aguacate, el jugo de limón, la crema agria, el agua, la crema de leche, la sal y la pimienta en una licuadora y licúe los ingredientes por alrededor de 1 minuto hasta integrar bien.

TIEMPO DE PREPARACIÓN: 5 minutos

TIEMPO DE INTEGRACIÓN: 2 minutos

TIEMPO TOTAL: 7 minutos

PORCIONES: 4

INGREDIENTES:

1 aguacate

2 cucharadas de jugo de limón

¼ de taza de crema agria

½ taza de agua

½ taza de crema de leche

1 cucharadita de sal kosher

½ cucharadita de pimienta

CREMA DE QUESO AZUL

Vierta el queso azul, el jugo de limón amarillo, la ralladura de limón amarillo, la mayonesa, la sal y la pimienta en una licuadora. Licúe a alta velocidad hasta integrar bien los ingredientes. Añada agua si es necesario, para lograr una consistencia cremosa.

TIEMPO DE PREPARACIÓN: 5 minutos

TIEMPO DE INTEGRACIÓN: 2 minutos

TIEMPO TOTAL: 7 minutos

PORCIONES: 4

INGREDIENTES:

½ taza de queso azul desmenuzado

El jugo de 1 limón amarillo

La ralladura de 1 limón amarillo

¼ de taza de mayonesa

1 pizca de sal kosher

½ cucharadita de pimienta negra fresca

2 cucharadas de agua

CREMA DE CHIPOTLE

Vierta el yogur griego, la crema agria, la crema de leche, el chipotle, el adobo líquido, el jugo de limón y la sal en una licuadora, y licúe por alrededor de 1 minuto hasta que todos los ingredientes estén bien integrados.

INGREDIENTES:

½ taza de yogur griego

1 cucharada de crema agria

2 cucharadas de crema de leche

1 chile chipotle en adobo

1 cucharadita de adobo líquido

1 cucharadita de jugo de limón

1 cucharadita de sal kosher

CREMA DE COCO Y AGUACATE

TIEMPO DE PREPARACIÓN:
5 minutos

TIEMPO DE INTEGRACIÓN:
5 minutos

TIEMPO TOTAL: 10 minutos

PORCIONES: 8

Vierta todos los ingredientes en una licuadora, y licúe hasta que estén suaves.

INGREDIENTES:

6 dientes grandes de ajo, o una cabeza, asados

2 aguacates Hass grandes, pelados y sin semilla

1 cucharada de jugo de limón

1 pimentón rojo grande, asado, sin la piel y el tallo

13,5 onzas de leche de coco enlatada

Sal kosher

CREMA DE CÍTRICOS

1. Vierta el yogur griego, la crema agria, el jugo de limón amarillo, el jugo de limón, el jugo de naranja, la sal y la pimienta en una licuadora y licúe por alrededor de 1 minuto hasta que estén suaves y bien integrados.
2. Vierta la crema en un tazón y agregue las ralladuras de limón amarillo y de limón.

TIEMPO DE PREPARACIÓN:
5 minutos

TIEMPO DE INTEGRACIÓN:
5 minutos

TIEMPO TOTAL: 10 minutos

PORCIONES: 4

INGREDIENTES:

½ taza de yogur griego

¼ de taza de crema agria

2 cucharadas de jugo de limón amarillo

1 cucharada de jugo de limón

1 cucharada de jugo de naranja

1 cucharadita de sal kosher

½ cucharadita de pimienta negra

La ralladura de 1 limón amarillo

La ralladura de 1 limón

CREMA DE LIMÓN AMARILLO

Vierta el yogur griego, la crema agria, el jugo de limón amarillo, la sal y la pimienta en una licuadora y licúe por alrededor de 1 minuto hasta integrar bien. Sirva la crema en un tazón y agregue la ralladura de limón amarillo.

TIEMPO DE PREPARACIÓN:
5 minutos

TIEMPO DE INTEGRACIÓN:
5 minutos

TIEMPO TOTAL: 10 minutos

PORCIONES: 4

INGREDIENTES:

½ taza de yogur griego

¼ de crema agria

4 cucharadas de jugo de limón amarillo

1 cucharadita de sal

½ cucharadita de pimienta negra

La ralladura de 1 limón amarillo

TIEMPO DE PREPARACIÓN:
5 minutos

TIEMPO DE INTEGRACIÓN:
5 minutos

TIEMPO TOTAL: 10 minutos

PORCIONES: 4

INGREDIENTES:

½ taza de yogur griego

¼ de taza de crema agria

4 cucharadas de jugo de limón

1 cucharadita de sal kosher

½ cucharadita de pimienta negra

La ralladura de 1 limón

CREMA DE LIMÓN

Vierta el yogur griego, la crema agria, el jugo de limón, la sal y la pimienta en una licuadora y licúe por alrededor de 1 minuto hasta integrar bien. Sirva la crema en un tazón y agregue la ralladura de limón.

TIEMPO DE PREPARACIÓN:
5 minutos

TIEMPO DE INTEGRACIÓN:
10 minutos

TIEMPO TOTAL: 15 minutos

PORCIONES: 8

INGREDIENTES:

½ taza de crema agria

½ taza de mayonesa

¼ de taza de albahaca, picada

¼ de taza de cilantro, picado

1 taza de espinaca empacada, picada

El jugo de 1 limón amarillo

1 cucharadita de sal kosher

½ cucharadita de pimienta

CREMA DE ALBAHACA Y ESPINACA

Vierta la crema agria, la mayonesa, la albahaca, el cilantro, la espinaca, el jugo de limón amarillo, la sal y la pimienta en una licuadora. Licúe hasta que esté suave.

CREMA DE AJÍ AMARILLO

TIEMPO DE PREPARACIÓN:
5 minutos

TIEMPO DE INTEGRACIÓN:
20 minutos

TIEMPO TOTAL: 25 minutos

PORCIONES: 8

1. Caliente 2 cucharadas de aceite de oliva a fuego medio-alto en una sartén. Agregue la cebolla, el ajo y la parte blanca de los cebollines. Saltee hasta que la cebolla esté transparente.
2. Vierta los ingredientes salteados en una licuadora. Añada la mayonesa, la pasta de ají amarillo, las 2 cucharadas restantes de aceite de oliva, el jugo de limón amarillo, el queso fresco, la sal y la pimienta. Licúe hasta que esté suave.
3. Vierta la crema en un recipiente para servir y decore con los cebollines.

INGREDIENTES:

4 cucharadas de aceite de oliva, divididas

⅓ de taza de cebolla, cortada en cubos pequeños

3 dientes de ajo, picados

3 cebollines, picados (separe la parte blanca y la verde)

½ taza de mayonesa

½ cucharada de pasta de ají amarillo

El jugo de 1 limón amarillo

½ taza de queso fresco

1 cucharadita de sal kosher

½ cucharadita de pimienta negra

CREMA DE AJOS ASADOS

TIEMPO DE PREPARACIÓN:
10 minutos

TIEMPO DE COCCIÓN:
1 hora

TIEMPO TOTAL: 1 hora,
10 minutos

PORCIONES: 8

1. Precaliente el horno a 300°F. Corte la parte superior de las cabezas de ajo para exponer los dientes. Cubra los ajos con aceite de oliva, sal y pimienta y envuelva en papel aluminio.
2. Hornee de 45 minutos a 1 hora, o hasta que estén dorados y suaves.
3. Retire los ajos del horno y deje enfriar. Apriete los dientes y vierta en un tazón mediano.
4. Triture los dientes con un tenedor. Agregue la crema agria, el jugo de limón, la cucharada de aceite de oliva y 1 pizca de sal y pimienta. Revuelva y agregue la crema de leche. Bata hasta combinar bien.

NOTA: Puede añadir agua para lograr la consistencia deseada.

INGREDIENTES:

2 cabezas de ajo

2 cucharadas de aceite de oliva

Sal kosher

Pimienta negra recién molida

½ taza de crema agria

1 cucharada de jugo de limón

1 cucharada de aceite de oliva

2 cucharadas de crema de leche

TIEMPO DE PREPARACIÓN:
5 minutos

TIEMPO DE INTEGRACIÓN:
5 minutos

TIEMPO TOTAL: 10 minutos

PORCIONES: 8

CREMA DE LIMÓN Y CHILE

Vierta la crema agria, el chile, el jugo y la ralladura de limón en una licuadora. Licúe hasta que esté suave.

INGREDIENTES:

1 taza de crema agria

1 cucharadita de chile piquín o de chile de árbol

El jugo de 1 limón

1 cucharadita de ralladura de limón

TIEMPO DE PREPARACIÓN:
5 minutos

TIEMPO DE INTEGRACIÓN:
5 minutos

TIEMPO TOTAL: 10 minutos

PORCIONES: 8

CREMA DE CILANTRO

Vierta el cilantro, la espinaca, la mayonesa, el jugo de limón amarillo y el aguacate en una licuadora. Licúe hasta que esté suave.

INGREDIENTES:

2 tazas de cilantro, con los tallos

1 taza (compacta) de espinaca

½ taza de mayonesa

El jugo de 1 limón amarillo

½ aguacate, pelado

CAPÍTULO 7

ENSALADAS TIPO *SLAW*

Lo bonito de estas ensaladas es que añaden textura y una deliciosa acidez a un taco. Esa textura se debe a una variedad de repollos sólidos y crujientes, que van desde el repollo verde al repollo morado o al repollo Napa.

Por supuesto, la ensalada no sólo está hecha de repollo; de hecho, a veces el repollo ni siquiera es necesario, como verá en las siguientes recetas. Haremos ensaladas con col rizada fresca y picada, papaya verde rallada y hasta con jícama en julianas. Estos ingredientes comparten el factor de crocancia requerida, así como la capacidad de soportar tanto los aderezos cremosos como los de estilo vinagreta.

Una buena ensalada limpia el paladar y da frescura a todo un platillo de tacos. Se puede servir como guarnición o como aderezo. Y es una manera genial de enriquecer sus tacos y hacerlos más saludables al mismo tiempo.

Siéntase libre de experimentar con los ingredientes de estas ensaladas, de mezclar y combinar vegetales y aderezos.

Una nota sobre la preparación de este tipo de ensaladas: utilice una máquina de cortar estilo mandolina en la función más delgada, para laminar y triturar el repollo y otros vegetales. Si desea prepararse con anticipación: corte el repollo, la jícama o el chayote hasta tres días antes de su uso y guárdelos en un tazón o bolsa de cierre hermético con agua y unos cubitos de hielo. Esto mantendrá los vegetales super crujientes hasta el momento de usarlos.

RECETAS DE ENSALADAS

ENSALADA DE COL Y QUESO AZUL

HAGA EL ADEREZO:

Vierta el queso azul, el jugo de limón amarillo, la ralladura de limón amarillo, la mayonesa, la sal y la pimienta. Licúe a velocidad alta hasta que todos los ingredientes estén bien integrados. Añada agua si es necesario, para lograr una consistencia cremosa. Deje la crema de queso azul a un lado.

HAGA LA ENSALADA:

Vierta el repollo verde, el repollo morado y la zanahoria en un tazón mediano. Agregue la cebolleta y las hojas de apio. Mezcle con ½ taza de crema de queso azul. Sazone la ensalada con sal y pimienta.

INGREDIENTES:

PARA EL ADEREZO:

½ taza de queso azul desmenuzado

El jugo de 1 limón amarillo

La ralladura de 1 limón amarillo

¼ de taza de mayonesa

1 pizca de sal kosher

½ cucharadita de pimienta negra recién molida

2 cucharadas de agua

PARA LA ENSALADA:

½ taza de repollo verde, rallado

½ taza de repollo morado, rallado

¼ de taza de zanahoria, cortada en julianas

1 cucharada de cebolleta, sólo la parte verde, cortada en rodajas delgadas

1 cucharada de hojas de apio, cortado en rodajas delgadas

½ taza de crema de queso azul (vea la receta a continuación)

1 cucharadita de sal

½ cucharadita de pimienta

TIEMPO TOTAL: 20 minutos

PORCIONES: 2 tazas

ENSALADA DE CHAYOTE Y JALAPEÑO

INGREDIENTES:

PARA EL ADEREZO:

½ taza de yogur griego bajo en grasa

¼ de taza de mayonesa

1 cucharada de vinagre de arroz

½ cucharada de jugo de limón

1 cucharadita de ralladura de limón

½ cucharadita de ajo picado

2 cucharaditas de mostaza Dijon

2 cucharaditas de sal

PARA LA ENSALADA:

2 tazas de chayote, cortado en julianas (vea la nota de preparación)

¼ de taza de zanahoria, cortada en julianas

1 cucharada de cebolla roja, cortada en rodajas delgadas

1 cucharada de hojas de apio, finamente picadas

1 cucharada de cilantro fresco, finamente picado

1 cucharada de menta fresca, finamente picada

¼ de taza de jalapeños, cortados en rodajas delgadas

½ taza de aderezo para la ensalada

1 cucharadita de sal

½ cucharadita de pimienta

HAGA EL ADEREZO:

Vierta todos los ingredientes del aderezo en un tazón mediano y mezcle bien.

HAGA LA ENSALADA:

Vierta el chayote, la zanahoria y la cebolla roja en un tazón mediano. Añada las hojas de apio, el cilantro, la menta y los jalapeños. Mezcle con ½ taza del aderezo para la ensalada. Sazone la ensalada con sal y pimienta.

NOTA DE PREPARACIÓN: corte el chayote por la mitad y retire la semilla del medio con una cuchara, luego corte el chayote en tiras delgadas estilo julianas.

ENSALADA CLÁSICA DE REPOLLO

HAGA EL ADEREZO:

Vierta todos los ingredientes del aderezo en un tazón mediano y mezcle bien.

HAGA LA ENSALADA:

Vierta el repollo verde, el repollo morado, la zanahoria, las cebolletas y las hojas de apio en un tazón mediano. Mezcle con ½ taza del aderezo para la ensalada. Sazone con sal y pimienta.

INGREDIENTES:

PARA EL ADEREZO:

½ taza de yogur griego bajo en grasa

¼ de taza de mayonesa

1 cucharada de vinagre de arroz

½ cucharada de jugo de limón

1 cucharadita de ralladura de limón

½ cucharadita de ajo picado

2 cucharaditas de mostaza Dijon

2 cucharaditas de sal

PARA LA ENSALADA:

½ taza de repollo verde, rallado

½ taza de repollo morado, rallado

¼ de taza de zanahoria, cortada en julianas

1 cucharada de cebolleta, sólo la parte verde, cortada en rodajas delgadas

1 cucharada de hojas de apio, finamente picadas

½ taza de aderezo para la ensalada (vea la receta a continuación)

1 cucharadita de sal

½ cucharadita de pimienta

ENSALADA DE JÍCAMA

INGREDIENTES:

PARA EL ADEREZO:

2 cucharadas de jugo de limón amarillo

½ cucharada de miel

1½ cucharaditas de sal kosher

½ cucharadita de pimienta negra fresca

3 cucharadas de aceite de oliva extra virgen

PARA LA ENSALADA:

2 tazas de jícama, pelada y cortada en julianas

½ taza de repollo verde

½ taza de cebolla roja, cortada en rodajas delgadas

¼ de taza de manzana verde, cortada en julianas

1 jalapeño, sin semillas y cortado en julianas

¼ de taza de cilantro, finamente picado

¼ de taza de perejil, finamente picado

HAGA EL ADEREZO:

Vierta el jugo de limón amarillo, la miel, la sal y la pimienta en un tazón pequeño. Mezcle, vertiendo lentamente el aceite de oliva para emulsionar el aderezo.

HAGA LA ENSALADA:

Vierta la jícama, el repollo, la cebolla, la manzana, el chile jalapeño, el cilantro y el perejil en un tazón mediano. Vierta el aderezo sobre la jícama y mezcle bien.

TIEMPO TOTAL: 20 minutos

PORCIONES: 2 tazas

ENSALADA DE COL RIZADA

HAGA EL ADEREZO:

Vierta todos los ingredientes del aderezo en un tazón mediano y revuelva para mezclar bien.

HAGA LA ENSALADA:

Vierta en un tazón mediano la col rizada, el repollo Napa y la manzana con el aderezo, la sal y la pimienta.

INGREDIENTES:

PARA EL ADEREZO:

½ taza de yogur griego bajo en grasa

¼ de taza de mayonesa

1 cucharada de vinagre de arroz

½ cucharada de jugo de limón

1 cucharadita de ralladura de limón

½ cucharadita de ajo picado

2 cucharaditas de mostaza Dijon

2 cucharaditas de sal

PARA LA ENSALADA:

1 taza compacta de col rizada, finamente picada

1 taza compacta de repollo Napa, finamente picado

1 taza de manzana verde, cortada en julianas

1 cucharadita de sal

½ cucharadita de pimienta

TIEMPO TOTAL: 20 minutos

PORCIONES: 2 tazas

ENSALADA DE REPOLLO NAPA CON GRANADA

INGREDIENTES:

2 tazas de repollo Napa, rallado

1 taza de tallos de apio, cortados en rodajas delgadas

2 cucharadas de cebolla roja, cortada en rodajas delgadas

2 cucharadas de cebolleta, sólo la parte verde, cortada en rodajas delgadas

½ taza de semillas de granada

1 cucharada de perejil, finamente picado

1 cucharada de cilantro fresco, finamente picado

1 cucharada de menta fresca, finamente picada

1 cucharadita de hojas de tomillo fresco

3 cucharadas de aceite de oliva extra virgen

El jugo de 1 limón amarillo

1 cucharadita de sal

1 cucharadita de pimienta negra fresca

Vierta el repollo Napa, el apio, la cebolla roja, la cebolleta, las semillas de granada, el perejil, el cilantro, la menta y el tomillo en un tazón mediano. Añada el aceite de oliva, el jugo de limón amarillo, la sal y la pimienta. Mezcle bien y sirva.

ENSALADA DE REPOLLO NAPA

INGREDIENTES:

2 tazas de repollo Napa, rallado

1 taza de tallos de apio, cortados en rodajas delgadas

2 cucharadas de cebolla roja, cortada en rebanadas delgadas

2 cucharadas de cebolleta, sólo la parte verde, cortada en rodajas delgadas

1 cucharada de perejil, finamente picado

1 cucharada de cilantro fresco, finamente picado

1 cucharada de menta fresca, finamente picada

1 cucharadita de tomillo

3 cucharadas de aceite de oliva extra virgen

El jugo de 1 limón amarillo

1 cucharadita de sal

1 cucharadita de pimienta negra fresca

Vierta el repollo Napa, el apio, la cebolla roja, la cebolleta, el perejil, el cilantro, la menta y el tomillo en un tazón mediano. Añada el aceite de oliva, el jugo de limón amarillo, la sal y la pimienta. Mezcle bien y sirva.

ENSALADA DE REPOLLO VERDE

HAGA EL ADEREZO:

Vierta todos los ingredientes del aderezo en un tazón mediano y mezcle bien.

HAGA LA ENSALADA:

Vierta el repollo verde, la manzana verde y la cebolla roja en un tazón mediano, y mezcle. Añada el perejil y el cilantro. Mezcle con ½ taza del aderezo para la ensalada. Sazone la ensalada con sal y pimienta.

INGREDIENTES:

PARA EL ADEREZO:

½ taza de yogur griego bajo en grasa

¼ de taza de mayonesa

1 cucharada de vinagre de arroz

½ cucharada de jugo de limón

1 cucharadita de ralladura de limón

½ cucharadita de ajo picado

2 cucharaditas de mostaza Dijon

1 cucharada de miel

2 cucharaditas de sal

PARA LA ENSALADA:

1 taza de repollo verde, rallado o cortado en rodajas delgadas

½ taza de manzana verde, cortada en julianas

1 cucharada de cebolla roja, cortada en rodajas delgadas

1 cucharada de perejil fresco, picado

1 cucharada de cilantro fresco, picado

½ taza de aderezo para la ensalada

1 cucharadita de sal

½ cucharadita de pimienta

ENSALADA DE REPOLLO MORADO

HAGA EL ADEREZO:

Vierta todos los ingredientes del aderezo en un tazón mediano y revuelva hasta mezclar bien.

HAGA LA ENSALADA:

Vierta el repollo morado, la zanahoria y la cebolla roja en un tazón mediano. Añada el perejil y el cilantro. Mezcle con ½ taza del aderezo para la ensalada. Sazone la ensalada con sal y pimienta.

TIEMPO TOTAL: 20 minutos

PORCIONES: 2 tazas

INGREDIENTES:

PARA EL ADEREZO:

½ taza de yogur griego bajo en grasa

¼ de taza de mayonesa

1 cucharada de vinagre de arroz

½ cucharada de jugo de limón

1 cucharadita de ralladura de limón

½ cucharadita de ajo picado

2 cucharaditas de mostaza Dijon

2 cucharaditas de sal

PARA LA ENSALADA:

1½ tazas de repollo morado, rallado o en rodajas delgadas

1 taza de zanahoria, cortada en julianas

¼ de taza de cebolla roja, cortada en rodajas delgadas

1 cucharada de perejil fresco, picado

1 cucharada de cilantro fresco, picado

½ taza de aderezo para la ensalada

1 cucharadita de sal

½ cucharadita de pimienta

TIEMPO TOTAL: 20 minutos

PORCIONES: 2 tazas

ENSALADA PICANTE DE PAPAYA VERDE

INGREDIENTES:

PARA EL ADEREZO:

2 cucharadas de jugo de limón amarillo

2 cucharadas de jugo de limón

1 cucharada de jugo de naranja

½ cucharada de néctar de agave

1 cucharadita de sal kosher

1 cucharadita de aceite de ajonjolí

3 cucharadas de aceite de oliva extra virgen

PARA LA ENSALADA:

2 tazas de papaya verde, pelada, sin semillas y cortada en julianas

1 jalapeño rojo, sin semillas y cortado en julianas

¼ de taza de cebolleta, cortada en julianas

¼ de taza de menta fresca, finamente picada

¼ de taza de cilantro fresco, finamente picado

¼ de taza de maní tostado, triturado

HAGA EL ADEREZO:

Vierta el jugo de limón amarillo, el jugo de limón, el jugo de naranja, el agave y la sal en un tazón pequeño. Bata y vierta lentamente el aceite de ajonjolí y el aceite de oliva para emulsionar el aderezo.

HAGA LA ENSALADA:

Vierta la papaya verde, el jalapeño, la cebolleta, la menta y el cilantro en un tazón mediano. Rocíe con el aderezo y mezcle bien. Termine con el maní triturado.

ENSALADA DE CÍTRICOS Y ZANAHORIA

TIEMPO TOTAL: 20 minutos
PORCIONES: 2 tazas

HAGA EL ADEREZO:

Vierta el agave, la mostaza, el jugo de limón amarillo, el jugo de naranja, la sal y la pimienta en un tazón pequeño. Mezcle hasta integrar bien. Agregue poco a poco el aceite de oliva y bata hasta emulsionar.

HAGA LA ENSALADA:

Vierta la zanahoria, el repollo, la ralladura de limón y el cilantro en un tazón mediano. Vierta ¼ de taza del aderezo en la ensalada y mezcle bien.

INGREDIENTES:

PARA EL ADEREZO:

1 cucharada de néctar de agave

1 cucharadita de mostaza Dijon

1 cucharada de jugo de limón amarillo

¼ de taza de jugo de naranja

1 cucharadita de sal

1 cucharadita de pimienta

¼ de taza de aceite de oliva extra virgen

PARA LA ENSALADA:

2 tazas de zanahoria en julianas

½ taza de repollo verde rallado

La ralladura de 1 limón

2 cucharadas de cilantro fresco, finamente picado

¼ taza de aderezo para la ensalada

LOS RELLENOS

CAPÍTULO 8

POLLO Y AVES DE CORRAL

En muchos sentidos, las aves de corral son el relleno perfecto para los tacos. Piense en la variedad de formas en las que nos gusta comer pollo entre semana: asado, a la plancha, braseado, frito, salteado.

Las aves de corral son maravillosamente adaptables: podemos hacerlas picantes o sustanciosas, crujientes o caldosas. Podemos cocinarlas con o sin piel: de cualquier manera, producen resultados deliciosos. Además, les va muy bien un buen adobo, un aliño para untar lleno de sabor o simplemente sal y pimienta.

En las siguientes recetas, le mostraré qué tan versátiles pueden ser las aves en los platos de los *Nuevos tacos clásicos*. Rellenaremos tostadas con pollo desmenuzado, le agregaremos pollo asado a tortillas blandas de maíz, ofreceremos un pato con un majestuoso glaseado de tamarindo, freiremos un poco de chicharrón de pollo crujiente para acompañar una crema de limón y chile y una ensalada de col rizada, con una salsa picante de aguacate complementaremos un pollo frito y con suero, y más.

RECETAS DE POLLO Y AVES DE CORRAL

AREPAS RELLENAS CON POLLO Y ENSALADA DE BERROS Y AGUACATE

TIEMPO DE PREPARACIÓN:
30 minutos

TIEMPO TOTAL: 35 minutos

PORCIONES: 6

Esta ensalada fresca y cremosa de pollo y aguacate encuentra un hogar espléndido en las arepas frescas. La ensalada estalla con sabor, con notas herbáceas de cilantro fresco y una chispa de limón. Sirva en una arepa caliente y tendrá un bocado conmovedor.

1. Aplaste 1 aguacate con un tenedor, y agregue el jugo de limón, la cebolla, el ajo, el cilantro, el aceite de oliva, la sal y la pimienta en un tazón mediano.
2. Combine los ingredientes con la mayonesa y la mostaza. Mezcle el pollo y los dados de aguacate restantes.

ARME LA AREPA:

1. Con un cuchillo afilado, abra la arepa aún caliente como haría con un pan pita, haciendo un corte en la parte superior y moviendo el cuchillo hacia el centro para hacer una bolsa.
2. Rellene cada arepa con berros y luego agregue la Ensalada de pollo y aguacate.

INGREDIENTES:

6 arepas (vea la receta de la Pág. 7)

2 tazas de berros, picados

Ensalada de pollo y aguacate (vea la receta a continuación)

PARA LA ENSALADA DE POLLO Y AGUACATE:

2 aguacates, cortados en cubos pequeños y divididos

1 cucharada de jugo de limón

1 cucharada de cebolla rallada

¼ de cucharadita de ajo picado

1 cucharada de cilantro fresco, finamente picado

½ cucharada de aceite de oliva extra virgen

1 cucharadita de sal kosher

½ cucharadita de pimienta negra fresca

⅓ de taza de mayonesa

½ cucharadita de mostaza Dijon

2 tazas de pechuga de pollo cocinada, bien desmenuzada

TIEMPO DE PREPARACIÓN:
30 minutos

TIEMPO TOTAL: 40 minutos

PORCIONES: 4

TACOS DE POLLO ASADO

INGREDIENTES:

8 tortillas de maíz calientes (vea la receta de la Pág. 23)

4 pechugas de pollo a la parrilla, cortadas en rebanadas de ½ pulgada (vea la receta a continuación)

Pico de gallo (vea la receta de la Pág. 67)

Crema de cilantro (vea la receta de la Pág. 112)

Aguacate a la parrilla (vea la receta de la Pág. 291)

½ taza de queso Cotija, desmenuzado

PARA LAS PECHUGAS DE POLLO A LA PARRILLA:

4 pechugas de pollo

1 cucharadita de sal kosher

½ cucharadita de pimienta negra

1 cucharada de aceite vegetal

Estos tacos de pollo son simples, y simplemente gratificantes. Acompáñelos con rebanadas de aguacate a la parrilla y queso Cotija desmenuzado, y pasarán de lo simple a lo majestuoso.

Precaliente la parrilla a fuego alto. Sazone las pechugas de pollo con sal, pimienta y aceite. Cocine 10 minutos por cada lado. Retire el pollo de la parrilla cuando esté bien hecho. Deje reposar las pechugas de 3 a 5 minutos antes de cortar.

MONTE LOS TACOS:

Rellene las tortillas de maíz calientes con el pollo asado. Cubra con el Pico de gallo, la Crema de cilantro, las rebanadas de aguacate y el queso Cotija.

POLLO FRITO CROCANTE CON GUASACACA PICANTE

TIEMPO DE PREPARACIÓN: 30 minutos

TIEMPO TOTAL: 35 minutos

PORCIONES: 6

Hay buenas razones por las que este pollo frito es una obra de arte: desde su salmuera, pasando por su baño en suero de leche y hasta su inmersión en harina sazonada, los pasos de esta receta dan como resultado un pollo húmedo y tierno por dentro, y maravillosamente crujiente por fuera.

INGREDIENTES:

6 Arepas (vea la receta de la Pág. 7)

1 Pollo frito crujiente con suero (vea la receta a continuación)

Guasacaca picante (vea la receta de la Pág. 93)

POLLO FRITO CRUJIENTE CON SUERO:

2 pechugas de pollo sin hueso, con la piel

2 muslos de pollo sin hueso, con la piel

SALMUERA:

2 cuartos de galón de agua

½ taza de sal kosher

BOLSITA DE HIERBAS:

Añada los siguientes ingredientes a una gasa cuadrada y amarre con una cuerda de cocina:

1 rama de tomillo

1 rama de romero

2 hojas de laurel

6 dientes de ajo

4 granos de pimienta negra

PARA LA INFUSIÓN DE SUERO DE LECHE:

4 tazas de suero de leche

2 cucharadas de salsa picante

PARA LA HARINA SAZONADA:

2 tazas de harina leudante

2 tazas de harina para todo uso

1 cucharadita de ajo en polvo

1 cucharadita de cebolla en polvo

1 cucharada de chile piquín

1 cucharada de paprika ahumada

1 cucharada de cilantro en polvo

2 cucharaditas de sal kosher

2 cucharaditas de pimienta negra recién molida

PARA LOS HUEVOS BATIDOS:

6 huevos

1 cucharadita de cilantro en polvo

PARA FREÍR:

Aceite vegetal

1. Hierva 1 cuarto de galón de agua a fuego lento en una olla grande y añada la sal. Disuelva la sal en el agua y retire del fuego.
2. Agregue el agua salada a 1 cuarto de galón de agua fría en un recipiente plástico. Coloque la bolsita de hierbas en la mezcla de agua y deje enfriar. Vierta el pollo en salmuera y refrigere por 12 horas.
3. Vierta el suero de leche y la salsa picante en un vaso o recipiente plástico grande. Retire el pollo de la salmuera y agregue a la mezcla de suero de leche. Cubra y refrigere por 12 horas.

(receta continúa)

4. Combine todos los ingredientes de la «harina sazonada» en un tazón grande, utilizando un tenedor o batidor para mezclar bien.
5. Bata los huevos y el cilantro en polvo en otro tazón grande.
6. Retire los trozos de pollo del suero de leche de uno en uno, y escurra bien.
7. Revuelva los pedazos de pollo en la harina, sumerja luego en los huevos y regrese de nuevo a la harina. Sacuda el exceso entre cada paso.
8. Caliente una sartén o freidora grande y profunda con aceite a 1/3 de altura aprox. y a 325°.
9. Fría el pollo en tandas de pocos pedazos, de 8 a 10 minutos, hasta que estén dorados.
10. Para una consistencia extra crujiente, precaliente el horno a 250° y ase el pollo 5 minutos.

MONTE LA AREPA:
1. Con un cuchillo afilado, abra la arepa aún caliente como haría con un pan pita, realizando un corte en la parte superior y moviendo el cuchillo hacia el centro de la arepa para hacer una bolsa.
2. Rellene con el pollo frito y termine con un chorrito de Guasacaca picante por encima.

TOSTADA DE POLLO DESMENUZADO Y QUINUA

TIEMPO DE PREPARACIÓN:
20 minutos

TIEMPO TOTAL: 30 minutos

PORCIONES: 4

Estas tostadas están llenas de sabor, una saludable capa tras otra. El pollo desmenuzado y la quinua constituyen la base para una ensalada sensacional que lleva nueces, arándanos y tomates rociados con un sabroso aderezo de mostaza y agave. Los toques de coronación: rebanadas de aguacate al limón amarillo y una cucharada de Crema de limón amarillo.

INGREDIENTES:

8 Tostadas (vea la receta de la Pág. 25)

Ensalada de pollo y quinua (vea la receta a continuación)

Crema de limón amarillo (vea la receta de la Pág. 107)

Rebanadas de aguacate preparadas (vea las instrucciones a continuación)

PARA LA ENSALADA DE POLLO Y QUINUA:

2 tazas de quinua, cocinada

2 tazas de pollo cocido, desmenuzado

3 cucharadas de nueces pecanas, trituradas

¼ de taza de arándanos secos

1 taza de tomates cherry cortados por la mitad

1 taza de espinaca cruda, finamente picada

¼ de taza de cebollines, en rodajas delgadas

½ taza de hojas de cilantro fresco

PARA EL ADEREZO:

¼ de taza de aceite de oliva extra virgen

1 cucharadita de mostaza Dijon

1 cucharada de jarabe de agave

3 cucharadas de jugo de limón amarillo

1½ cucharaditas de sal kosher

1 cucharadita de pimienta negra fresca

PARA EL AGUACATE PREPARADO:

1 aguacate, rebanado

⅛ de cucharadita de pimienta roja molida

1 cucharada de jugo de limón amarillo

HAGA EL ADEREZO:

1. Vierta el aceite de oliva extra virgen, la mostaza Dijon, el agave, el jugo de limón amarillo, la sal y la pimienta negra en un tazón mediano. Mezcle bien.

HAGA LA ENSALADA DE POLLO Y QUINUA:

1. Vierta la quinua, el pollo, las nueces, los arándanos y los tomates en otro recipiente. Mezcle bien. Añada la espinaca y los cebollines, y mezcle nuevamente.

(receta continúa)

2. Agregue la mezcla de quinua, pollo y espinaca al aderezo. Añada el cilantro. Mezcle hasta que los ingredientes estén bien cubiertos con el aderezo.

PREPARE EL AGUACATE:

Vierta las rodajas de aguacate con la pimienta roja molida y rocíe con 1 cucharada de jugo de limón amarillo para que las rebanadas mantengan un color brillante.

ARME LAS TOSTADAS:

Cubra las Tostadas con la Ensalada de pollo y quinua. Rocíe con Crema de limón amarillo y cubra con las rebanadas de aguacate preparado.

TIEMPO DE PREPARACIÓN:
25 minutos

TIEMPO TOTAL: 30 minutos

PORCIONES: 4

CHICHARRÓN DE POLLO CON ENSALADA DE COL RIZADA Y CREMA DE LIMÓN Y CHILE

INGREDIENTES:

8 Telitas de cilantro (vea la receta de la Pág. 12)

Ensalada de col rizada (vea la receta de la Pág. 123)

Chicharrón de pollo (vea la receta a continuación)

Crema de limón y chile (vea la receta de la Pág. 112)

CHICHARRÓN DE POLLO

2 pechugas de pollo sin hueso, con la piel, cortadas en trozos de 2 pulgadas

2 muslos de pollo sin hueso, con la piel, cortados en trozos de 2 pulgadas

1 limón, cortado por la mitad

1 cucharada de aceite vegetal

1 cucharada de salsa inglesa

½ taza de cebolla rallada

6 dientes de ajo, picados

2 cucharaditas de sal kosher

1 cucharadita de pimienta negra recién molida

PARA FREÍR:

Aceite vegetal

LÍQUIDO PARA UNTAR:

Prepare un líquido para untar mezclando los siguientes ingredientes:

2 cucharadas de vinagre blanco destilado

2 cucharadas de ajo picado

2 cucharadas de agua

Existe el pollo frito, y también el chicharrón de pollo. ¿Cuál es la diferencia? Un buen pedazo de chicharrón de pollo, de piel sumamente crujiente, se frota inicialmente con limón. Después de freírse, se le unta vinagre de ajo para un gran toque de acidez.

1. Frote todos los trozos de pollo con las mitades de limón. Enjuague con agua fría y seque con papel toalla.
2. Mezcle el aceite vegetal, la salsa inglesa, la cebolla, el ajo, la sal y la pimienta en un tazón mediano.
3. Agregue el pollo al tazón y cubra los trozos de manera uniforme. Deje marinar el pollo por 1 hora, cubierto, en el refrigerador.
4. Retire el pollo del refrigerador y deje reposar 20 minutos antes de freír.
5. Llene con aceite vegetal una sartén o freidora grande y profunda a 1/3 de altura, y caliente a 325°.
6. Fría el pollo en tandas de pocos pedazos, de 12 a 15 minutos, hasta que estén dorados.
7. Retire el pollo del aceite con una espumadera, coloque en una rejilla y unte inmediatamente el pollo frito con la mezcla de vinagre, ajo y agua.

MONTE LA TELITA:

Cubra la Telita de cilantro con la Ensalada de col rizada y agregue luego el Chicharrón de pollo. Termine con una cucharada de Crema de limón y chile.

TACOS DE POLLO PICANTE

Una mezcla picante y personalizada de condimentos potencia estos tacos de pollo molido. La envoltura —un delicioso queso telita—, le añade una capa de decadencia, mientras la ensalada de repollo morado le da crocancia y la Crema de limón le brinda una nota intensa.

INGREDIENTES:

8 Telitas de queso (vea la receta de la Pág. 9)

Pollo molido (vea la receta a continuación)

1 taza de repollo morado, rallado

Crutones de aguacate (vea la receta de la Pág. 337)

Crema de limón (vea la receta de la Pág. 108)

PARA LA CARNE MOLIDA DE POLLO:

¼ de taza de aceite vegetal

1 taza de cebolla picada

4 dientes de ajo, picados

¼ de taza de chile cachucha (chile dulce), picado

1 libra de carne molida de pollo

¾ de taza de caldo de pollo

MEZCLA DE ESPECIAS PARA TACOS:

Haga la Mezcla de especias para tacos combinando los siguientes ingredientes:

½ cucharadita de ajo en polvo

½ cucharadita de cebolla en polvo

1½ cucharadas de chile en polvo

2 cucharaditas de maicena

1 cucharada de comino en polvo

2 cucharaditas de sal kosher

1 cucharadita de paprika

1 cucharadita de cilantro en polvo

½ cucharadita de chile piquín en polvo

1. Caliente el aceite vegetal a fuego medio-alto en una sartén mediana.
2. Agregue la cebolla al aceite caliente y cocine durante 3 minutos hasta que esté transparente. Añada el ajo y cocine por 1 minuto más. Agregue los chiles dulces y sofría por 1 minuto.
3. Añada el pollo molido a la sartén, revolviendo constantemente para evitar que se formen grumos. Dore uniformemente el pollo y cocine por 5 minutos.
4. Agregue la Mezcla de especias para tacos y revuelva bien. Cuando la Mezcla de especias esté bien integrada con la carne, vierta el caldo de pollo en la sartén. Cocine por alrededor de 4 minutos hasta que el líquido se reduzca. Deje a un lado.

ARME LAS TELITAS DE QUESO:

Cubra las Telitas con queso con el pollo molido, el repollo morado rallado y los Crutones de aguacate. Termine con un chorrito de Crema de limón.

TIEMPO DE PREPARACIÓN:
15 minutos

TIEMPO TOTAL: 35 minutos

PORCIONES: 4

TOSTONES CON POLLO Y MANGO

Este es un plato con alma caribeña: bocados de pollo crujiente y glaseado con mango encima de un tostón. Una ensalada clásica de repollo y un Pico de gallo con piña completan el ambiente isleño.

INGREDIENTES:

Tostones (vea la receta de la Pág. 317)

Ensalada clásica de repollo (vea la receta de la Pág. 119)

Pollo con mango (vea la receta a continuación)

Pico de gallo con piña (vea la receta de la Pág. 81)

Ramitas de hojas de perejil liso, para adornar

PARA EL POLLO CON MANGO:

4 muslos de pollo, sin huesos y sin piel, cortados en cubos de 1 pulgada

ADOBO DE SUERO:
Mezcle los siguientes ingredientes:

1 cucharada de ajo, picado

½ cucharada de romero fresco, picado

½ cucharada de orégano fresco, picado

½ cucharada de menta fresca, picada

3 cucharadas de suero de leche

1 taza de vino blanco

1½ cucharadas de sal kosher

2 cucharadas de salsa inglesa

½ cucharada de mostaza

1 cucharada de ralladura de naranja

PARA COCINAR:

2 cucharadas de aceite de oliva

1 cucharada de azúcar moreno

1½ tazas de jugo de mango

1. Vierta el pollo y el adobo de suero en un recipiente no reactivo (vea la explicación en la Pág. 65). Deje reposar el pollo en el adobo, cubierto y en el refrigerador, por un mínimo de 3 horas, o durante toda la noche.
2. Retire el pollo del adobo y reserve el líquido.
3. Añada el aceite de oliva a una sartén grande a fuego medio. Espolvoree con el azúcar moreno.
4. Soase el pollo por todos lados hasta dorar. Agregue la marinada reservada y cocine por 20 minutos.
5. Agregue el jugo de mango y cocine por otros 15 minutos, hasta que la salsa espese.

ARME LOS TOSTONES:

Cubra los Tostones con la Ensalada clásica de repollo, seguida por el Pollo con mango y el Pico de gallo con piña. Adorne cada tostón con una ramita de perejil liso encima.

POLLO ASADO CON LIMÓN MEYER EN TORTILLAS BLANDAS DE MAÍZ

Los limones Meyer macerados, que se guardan tres semanas en el refrigerador, le dan a este pollo a la parrilla su increíble sabor. Los limones se machacan con ajo y tomillo, y luego se frotan sobre los trozos de pollo antes de llevarlos a la parrilla. El delicioso resultado final vale la pena los pasos adicionales y el tiempo de maceración.

MACERE LOS LIMONES (1 DÍA ANTES Y HASTA POR 3 SEMANAS):

1. Lave los limones en agua tibia y seque bien.
2. Exprima el jugo de 5 limones, y parta los otros 5 en cuartos.
3. Vierta los limones en cuartos, la sal, el azúcar, las hojas de laurel, la canela y los granos de pimienta negra en un tazón. Mezcle bien.
4. Vierta los limones en frascos esterilizados, y envase de manera compacta para que quepa la mayor cantidad posible. Cubra con el jugo de limón.
5. Limpie el frasco y tape bien. Guarde en el refrigerador. Los limones podrán ser refrigerados hasta por 3 semanas.

ASE EL POLLO AL LIMÓN MEYER

1. Vierta los limones, el ajo y el tomillo en un molcajete (o en un mortero) y triture.
2. Parta el pollo por la mitad y retire la costilla.
3. Frote la mezcla de limón y ajo generosamente en el pollo y debajo de la piel.
4. Sazone ambos lados del pollo con una generosa cantidad de sal y pimienta negra fresca.
5. Coloque el pollo sazonado en una bolsa plástica resellable y vierta un chorrito de aceite de oliva extra virgen. Refrigere durante toda la noche.

(receta continúa)

TIEMPO DE PREPARACIÓN:
30 minutos

TIEMPO TOTAL: 45 minutos

PORCIONES: 4–6 porciones

INGREDIENTES:

8 a 10 tortillas blandas de maíz (vea la receta de la Pág. 23)

Pollo asado con limón Meyer (vea la receta a continuación)

Ensalada de repollo Napa (vea la receta de la Pág. 126)

Crema de cítricos (vea la receta de la Pág. 107)

Salsa picante de mango (vea la receta de la Pág. 59)

PARA LOS LIMONES MEYER MACERADOS:

10 limones Meyer

½ taza de sal kosher

¼ de taza de azúcar

2 hojas de laurel

2 barras de canela

1 cucharadita de granos de pimienta negra

PARA EL POLLO ASADO CON LIMÓN MEYER:

1½ taza de Limones Meyer macerados

¼ de taza de ajo, picado

⅓ de taza (compacta) de tomillo, sin los tallos

1 pollo orgánico

Sal kosher

Pimienta negra recién molida

Un chorrito de aceite de oliva extra virgen

6. Corte el pollo marinado en rodajas de ¼ de pulgada. Ase el pollo a fuego alto de 10 a 12 minutos, hasta que esté totalmente cocinado.

ARME EL PLATO:

1. Caliente las tortillas en la parrilla caliente por unos segundos, o cubiertas con una toalla húmeda en el microondas por unos segundos.
2. Cubra las tortillas con la Ensalada de repollo Napa y el pollo a la parrilla. Termine con una cucharada de Crema de cítricos encima. Sirva con un poco de Salsa picante de mango.

TACOS DE CHURRASCO DE POLLO

Me encanta transformar la piel de los muslos de pollo en sabrosas rodajas estilo churrasco marinándolas en ajo y en hierbas como el orégano, el cilantro, el romero y la menta. El comino y el cilantro profundizan los sabores, mientras que el jugo y la ralladura de limón amarillo le dan una encantadora acidez al pollo (vea la imagen en la pagina xii.)

1. Vierta el ajo, la cebolla, el orégano, el romero, la menta, el cilantro, el jalapeño, ½ cucharadita de sal y 1 cucharada de aceite de oliva en un molcajete (o en un mortero). Macere hasta formar una pasta.
2. Añada la ralladura y el jugo de limón amarillo. Mezcle y transfiera a un recipiente mediano.
3. Agregue el resto del aceite de oliva, el comino, el cilantro, la sal restante y la pimienta negra. Añada el pollo y revuelva para cubrir uniformemente con la mezcla de hierbas. Cubra y refrigere por un mínimo de 2 horas, o durante toda la noche.
4. Retire el recipiente con el pollo del refrigerador y deje reposar por alrededor de 20 minutos. Mientras tanto, caliente una parrilla a fuego medio.
5. Sazone el pollo con sal y pimienta y coloque cada trozo con la piel hacia abajo sobre la parrilla caliente. Cocine por 4 minutos, hasta que estén dorados, deles vuelta y deje cocinar bien el pollo, de 8 a 10 minutos.
6. Retire de la parrilla. Deje reposar 5 minutos antes de cortar en rodajas de ½ pulgada.

ARME LA TELITA:

Cubra la Telita de maíz morado con la Ensalada de zanahoria, luego añada las rodajas de Churrasco de pollo. Agregue una cucharada de Crema de coco y aguacate encima. Sirva con las Cebollas picantes y encurtidas (vea la imagen en la página anterior a la Introducción).

TIEMPO DE PREPARACIÓN: 3 horas en caso de hacer telitas (20 minutos si utiliza tortillas hechas)

TIEMPO TOTAL: 3 horas, 15 minutos (45 minutos si utiliza tortillas hechas)

PORCIONES: 4

INGREDIENTES:

8 Telitas de maíz morado (vea la receta de la Pág. 15, o reemplace por tortillas ya hechas)

Ensalada de zanahoria (vea la receta de la Pág. 133)

Churrasco de pollo marinado con hierbas (vea la receta a continuación)

Crema de coco y aguacate (vea la receta de la Pág. 106)

Cebollas picantes y encurtidas (vea la receta de la Pág. 99)

PARA EL CHURRASCO DE POLLO MARINADO CON HIERBAS:

8 dientes de ajo, picados

1 cucharada de cebolla, picada

1 cucharada de orégano fresco, finamente picado

1 cucharada de romero fresco, finamente picado

1 cucharada de menta fresca, finamente picada

1 cucharada de cilantro fresco, finamente picado

½ cucharada de chile jalapeño, picado

1½ cucharaditas de sal kosher, divididas

¼ de taza de aceite de oliva, dividida

La ralladura de 1 limón amarillo

El jugo de 1 limón amarillo

1 cucharadita de comino en polvo

1 cucharadita de cilantro en polvo

1 cucharadita de pimienta negra

4 muslos de pollo sin hueso, con la piel

TIEMPO DE PREPARACIÓN:
20 minutos

TIEMPO TOTAL: 45 minutos

PORCIONES: 8

PATO GLASEADO AL TAMARINDO CON PICO VERDE

El tamarindo, con sus notas dulces y oscuras, parece hecho a la medida para el pato. En esta receta, agrego ajo y la magia del ají amarillo al glaseado de tamarindo para obtener sabores más audaces. Servir el pato encima de una Telita de remolacha no sólo acentúa la nota dulce, sino que también satura los hermosos colores rojos del plato.

INGREDIENTES:

8 Telitas de remolacha (vea la receta de la Pág. 11)

Pato al tamarindo (vea la receta a continuación)

Pico verde (vea la receta de la Pág. 78)

Crutones de aguacate (vea la receta de la Pág. 337)

PATO AL TAMARINDO:

1 taza de néctar de agave

½ taza de pulpa de tamarindo

¼ de taza de jugo de limón

6 dientes de ajo, asados

4 pimentones amarillos, asados o chamuscados

1 ají amarillo, sin semillas

½ taza de caldo de pollo

2 cucharaditas de ají amarillo en polvo

2 cucharaditas de sal kosher

1 cucharadita de pimienta negra

4 mitades de pechuga de pato, de alrededor de 8 onzas cada una, retirado el exceso de grasa

Hojas de cilantro fresco, para servir

1. Vierta el néctar de agave, la pulpa de tamarindo, el jugo de limón, el ajo, el pimentón amarillo, el ají amarillo y el caldo de pollo en una cacerola mediana. Hierva a fuego medio y cocine por 15 minutos.

2. Retire del fuego y deje enfriar por unos minutos. Vierta los ingredientes en un procesador de alimentos.

3. Sazone con ají amarillo en polvo, la sal, la pimienta, y procese hasta que la mezcla esté suave.

4. Vierta el glaseado de tamarindo en un recipiente y deje enfriar a un lado.

5. Precaliente una olla de hierro fundido o una sartén a fuego medio-bajo.

6. Mientras tanto, haga unos cortes pequeños y en sentido diagonal con un cuchillo afilado para evitar que las pechugas de pato se enrollen. Condimente con sal y pimienta.

7. Vierta el pato en la sartén, con la piel hacia abajo, y cocine sin tapar hasta que la piel se dore bien, por alrededor de 15 minutos.

8. Dé vuelta el pato cuando casi toda la grasa se haya derretido y la piel tenga un color dorado, y aumente a fuego medio.

9. Pincele el pato con el glaseado de tamarindo y siga cocinando por alrededor de 5 minutos, hasta que esté a término medio.

10. Coloque el pato en una tabla de cortar, vuelva a pincelar con el glaseado y deje reposar por 5 minutos. Corte el pato en sentido diagonal, en rodajas de ¼ de pulgada de grosor.

PARA ARMAR:

Unte un poco de glaseado en cada Telita de remolacha. Cubra con el pato en rodajas y luego añada el Pico verde. Corone cada telita con un Crutón de aguacate.

HAMBURGUESA DE AREPA CON FRITURAS DE AGUACATE

Esta hamburguesa es tan sabrosa y ligera, que predigo que se convertirá en un plato ideal para los amantes del pollo. Las migas de panko y el yogur griego dan cuerpo a la carne molida de pollo, que se condimenta con especias, mostaza Dijon y limón.

Para un atajo en la receta, sustituya las arepas de maíz blanco trillado y queso por arepas básicas (vea la receta de la Pág. 7).

PARA ASAR A LA PARRILLA:

1. Vierta el pollo molido, el panko, el yogur griego, la sal de ajo, la cebolla en polvo, el perejil, la sal, la pimienta negra, los cebollines, la mostaza Dijon y el jugo de limón en un tazón grande. Revuelva suavemente hasta mezclar bien.
2. Divida la mezcla de pollo en 8 bolas de igual tamaño, y coloque en papel encerado.
3. Forme una tortita con cada bola.y haga un pequeño hundimiento al centro, para que las hamburguesas mantengan su tamaño mientras se asan.
4. Refrigere las tortitas por 10 minutos o hasta que cuajen. (Deben estar rígidas cuando las coloque en la parrilla).
5. Caliente una sartén. Añada aceite para cubrir.
6. Coloque las tortitas en la sartén mientras esta se calienta. (No espere hasta que la sartén esté completamente caliente).
7. Deles vuelta con una espátula antiadherente cuando estén medianamente blancas por los lados.
8. Cocine sin tocarlas. Asegúrese de que la parte inferior se blanquee hacia arriba como lo hizo la parte superior.

PARA ARMAR:

1. Corte las arepas por la mitad, como si fuera un pan de hamburguesa. Esparza Crema de chipotle en las partes superior e inferior internas de las arepas.
2. Añada rebanadas de pepinillo encurtido (en caso de usar), lechuga y tomate y coloque finalmente la tortita de pollo. Sirva las hamburguesas con Frituras de aguacate.

TIEMPO DE PREPARACIÓN: 2,5 horas si usa la receta básica de arepas de maíz trillado (página 35). 30 minutos si usa la receta básica de arepas (página 7).

TIEMPO TOTAL: 3 horas; 1 hora si usa la receta básica de arepas

PORCIONES: 4

INGREDIENTES:

4 arepas de maíz trillado blanco con queso (vea la receta de la Pág. 35)

Crema de chipotle (vea la receta de la Pág. 106)

Rebanadas de pepinillo encurtido (opcional)

8 hojas de lechuga, del mismo tamaño que las arepas

1 tomate grande, cortado en rodajas

Hamburguesas de pollo (vea la receta a continuación)

Frituras de aguacate (vea la receta de la Pág. 339)

PARA LAS HAMBURGUESAS DE POLLO:

1 libra de carne molida de pollo

½ taza de migas panko

¼ de taza de yogur griego

1 cucharadita de sal de ajo

1 cucharadita de cebolla en polvo

1 cucharada de perejil, finamente picado

1 cucharadita de sal kosher

½ cucharadita de pimienta negra

2 cucharadas de cebollín picado

1 cucharadita de mostaza Dijon

1 cucharadita de jugo de limón

4 cucharadas de aceite

TACO DE PAVO MOLIDO

Una sólida hoja de lechuga mantequilla se convierte en la refrescante concha de un taco para este pavo molido con ajo. La Ensalada de chayote y jalapeño le añade crocancia y picor, lo cual es balanceado por el cilantro.

1. Precaliente la sartén y saltee a fuego medio alto. Añada el aceite de oliva y luego el pavo molido. Cocine de 3 a 4 minutos, revolviendo constantemente para desmenuzar la carne de pavo.
2. Agregue las láminas de ajo, el ajo fresco, la cebolla, la pimienta roja y el perejil. Agregue el pimentón rojo, la paprika y el vino blanco. Cocine 5 minutos más, hasta que el vino se reduzca.
3. Sazone con sal y siga revolviendo constantemente para desmenuzar el pavo. Apague el fuego y añada el perejil fresco.

MONTE EL PLATO:

1. Vierta ¼ de taza de la mezcla de carne molida de pavo en cada «taza» de lechuga mantequilla.
2. Cubra con la Ensalada de chayote y jalapeño, el Pico de gallo y una cucharada de Crema de cilantro

---

TIEMPO DE PREPARACIÓN:
15 minutos

TIEMPO TOTAL: 20 minutos

PORCIONES: 4

INGREDIENTES:

1 Pavo molido (vea la receta a continuación)

8 «tazas» de hojas de lechuga mantequilla

Ensalada de chayote y jalapeño (vea la receta de la Pág. 118)

Pico de gallo (vea la receta de la Pág. 67)

Crema de cilantro (vea la receta de la Pág. 112)

PARA EL PAVO MOLIDO:

2 cucharadas de aceite de oliva

1 libra de pavo molido

½ cucharada de ajo en láminas

1 cucharada de ajo fresco, picado

½ taza de cebolla, cortada en cubitos

½ cucharada de hojuelas de pimienta roja

½ cucharada de perejil seco, en hojuelas

¼ de taza de pimentones rojos, cortados en cubos pequeños

½ cucharada de paprika

¼ de taza de vino blanco

1 cucharadita de sal kosher

2 cucharadas de perejil fresco, picado

TIEMPO DE PREPARACIÓN:
40 minutos

TIEMPO TOTAL: 50 minutos

PORCIONES: 4

TAMALES CON POLLO DESMENUZADO Y TOMATILLO

La salsa de tomatillo que baña el pollo desmenuzado en esta receta no es muy común: los tomatillos se carbonizan primero en la parrilla con pimentones verdes y chiles serranos. El resultado es una salsa ahumada para el pollo y un delicioso complemento para los tamales.

INGREDIENTES:

4 Tamales de maíz dulce
(vea la receta de la Pág. 33)

Pollo con tomatillo (vea la receta a continuación)

1 taza de queso fresco rallado

Cebollas picantes y encurtidas (vea la receta de la Pág. 99)

PARA EL POLLO CON TOMATILLO:

6 tomatillos, sin la cáscara y lavados

1 pimentón verde

2 chiles serranos

2 cucharadas de aceite de oliva

3 dientes de ajo, picados en trozos grandes

1 cebolla roja pequeña, picada en trozos grandes

1 taza de cilantro fresco picado

El jugo de 1 limón

2 cucharadas de jarabe de agave

2½ tazas de pollo cocinado y desmenuzado

1 cucharadita de cilantro en polvo

1 cucharadita de sal kosher

1 cucharadita de pimienta negra fresca

PARA CALENTAR LOS TAMALES:

1 cucharada de mantequilla

HAGA EL POLLO CON TOMATILLO:

1. Precaliente la parrilla a fuego alto. Coloque los tomatillos, el pimentón verde y los chiles serranos en la parrilla y chamusque por todos los lados.
2. Caliente 2 cucharadas de aceite de oliva en una sartén mediana. Añada los tomatillos asados, los pimentones verdes y serranos asados, el ajo y la cebolla. Rehogue por 5 minutos.
3. Retire la sartén del fuego y vierta sus ingredientes, así como el cilantro, el jugo de limón y el agave en una licuadora, y licúe hasta que estén suaves.
4. Vierta la mezcla de tomatillo en una sartén grande y caliente. Mientras la salsa de tomatillo se cocina a fuego lento, añada el pollo, el cilantro, la sal y la pimienta. Cocine por 10 minutos a fuego lento.

PREPARE LOS TAMALES:

1. Derrita la mantequilla en una plancha a fuego medio alto.
2. Desenvuelva los tamales y caliente por 20 segundos en la plancha por cada lado.

ARME EL PLATO:

1. Retire los Tamales de maíz dulce del fuego y coloque cada uno en un plato de servir. Vierta el Pollo con tomatillo verde sobre cada tamal.
2. Espolvoree con el queso fresco desmenuzado y las Cebollas picantes y encurtidas. Sirva de inmediato.

TACOS DE AJÍ DE GALLINA

Cuando aprenda a hacer este tradicional plato de pollo peruano, lo añadirá a sus alimentos favoritos de «confort». Cremoso y delicioso, el pollo rehogado y desmenuzado es un relleno exquisito para telitas crujientes.

1. Vierta el pan y la leche en un tazón pequeño y deje reposar para que el pan absorba la leche.
2. Vierta aceite vegetal en una sartén grande y caliente a fuego medio. Agregue las cebollas y el ajo y sofría por 1 minuto.
3. Añada los cebollines y las almendras rebanadas y sofría por 5 minutos hasta que los cebollines estén transparentes. Retire del fuego y reserve.
4. Vierta el caldo de pollo, la mezcla de cebollas y almendras, el pan remojado, el queso fresco, el ají amarillo y la leche evaporada en una licuadora. Licúe hasta que esté suave. (Agregue un poco de caldo de pollo si está demasiado espeso).
5. Sazone el pollo con sal y coloque en una sartén a fuego medio. Vierta la salsa de ají amarillo sobre el pollo y revuelva hasta mezclar bien. Cocine a fuego lento hasta que la salsa haya espesado y cubra bien el pollo.

ARME EL PLATO:

Cubra las Telitas crujientes de cilantro con el Ají de gallina. Adorne con una rodaja de papa morada y un cuarto de huevo duro.

TIEMPO DE PREPARACIÓN:
25 minutos

TIEMPO TOTAL: 35 minutos

PORCIONES: 4

INGREDIENTES:

8 Telitas crujientes de cilantro (vea la receta de la Pág. 12)

Ají de gallina

PARA EL AJÍ DE GALLINA:

2 rebanadas de pan blanco, sin la corteza

½ taza de leche

1 cucharada de aceite vegetal

¾ de taza de cebolla amarilla, cortada en cubos pequeños

6 dientes de ajo, picados

2 cebollines, en rodajas delgadas

¼ de taza de almendras en rodajas

¼ de taza de caldo de pollo

½ taza de queso fresco

1½ cucharadas de pasta de ají amarillo

½ taza de leche evaporada

2 pechugas de pollo cocinado, desmenuzado

1 cucharadita de sal kosher

PARA SERVIR:

2 papas moradas tipo *baby*, hervidas y cortadas en cuartos

2 huevos duros, en cuartos

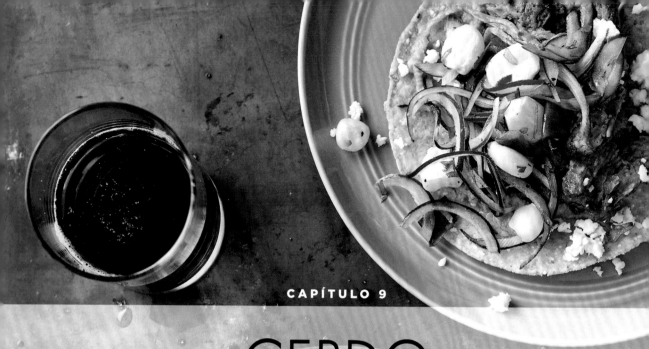

CAPÍTULO 9

CERDO

El humilde cerdo ofrece algunos de los rellenos y coberturas más decadentes que haya experimentado un taco. Desde el tocino a la panceta crujiente o a las carnes glaseadas, el cerdo añade una incomparable ricura natural y rústica a un plato.

En este capítulo, haremos un aromático cerdo «al pastor» glaseado con una salsa blanca de nueces de nogal, maceraremos carnitas en tequila y limón, aprenderemos a hacer cecina de lomo de cerdo y encontraremos un nuevo significado para la sigla BLT.

Tomaremos prestados los sabores de Cuba, México, Brasil, Venezuela, Perú y otras partes de América Latina. Pero en última instancia, estos platos de cerdo zumban con una mezcla de influencias y acentos.

RECETAS CON CERDO

TOSTADAS DE CERDO BRASEADO

Este cerdo braseado al horno adquiere su sabor gracias al empleo de chiles mayoritariamente suaves, dulces y ahumados, pero recibe su potencia del chile de árbol en polvo. Los sabores se funden perfectamente en el braseado y se combinan bien con una salsa de maíz peruano.

INGREDIENTES:

Puré de frijoles blancos
(vea la receta de la Pág. 42)

8 Tostadas (vea la receta de
la Pág. 25)

Cerdo braseado (vea la
receta a continuación)

2 chiles poblanos, asados y
cortados en cubitos

Salsa criolla de maíz peruano
(vea la receta de la Pág. 102)

Queso Cotija rallado

PARA EL CERDO BRASEADO:

3 cucharadas de chile en
polvo

1 cucharada de comino

1 cucharada de chile de árbol
en polvo

2 cucharadas de tomillo
fresco, finamente picado

2 cucharadas de sal kosher

3 libras de lomo de cerdo
sin hueso, sin la capa de
grasa, cortado en cubos de 2
pulgadas

2 cucharadas de aceite de
canola

6 dientes de ajo, picados

1 taza de cebolla, cortada en
cubos pequeños

¼ de taza de ají dulce,
cortado en dados pequeños

¼ de taza de chiles Anaheim
o California, cortados en
cubos pequeños

¼ de taza de chiles
poblanos, cortados en cubos
pequeños

2 tazas de caldo de pollo
casero o de caldo comercial
bajo en sodio

1. Precaliente el horno a 325°F. Mezcle el chile en polvo, el comino, el chile de árbol en polvo, el tomillo y la sal en un tazón grande. Añada el cerdo y frote hasta cubrir de manera uniforme.

2. Caliente el aceite de canola a fuego medio-alto en una sartén profunda y con tapa para horno. Añada la carne de cerdo a la sartén caliente y dore por todos los lados.

3. Agregue el ajo, la cebolla, el ají dulce, los chiles Anaheim (o California) y los poblanos, y cocine por 2 minutos. Añada el caldo de pollo y hierva.

4. Cubra la cacerola herméticamente con una tapa o con papel aluminio y cocine a fuego lento por 2 horas y media en el horno, o hasta que el cerdo esté suave al contacto con un tenedor.

5. Retire el cerdo del horno y coloque en un recipiente refractario. Desmenuce la carne de cerdo con dos tenedores.

ARME LA TOSTADA:

Esparza Puré de frijol blanco en cada tostada. Coloque el Cerdo braseado encima, y luego corone con chiles poblanos asados y Salsa criolla de maíz peruano. Espolvoree con el queso Cotija rallado.

TOCINO DE CERDO GLASEADO CON CHILE CACHUCHA

El glaseado de chile en este tocino de cerdo es increíblemente sabroso. Aunque está basado en los chiles cachucha y California, que son más suaves, el glaseado está lleno de sabor. El truco consiste en rociar el tocino de cerdo con el glaseado endulzado con agave mientras la carne se asa a fuego lento.

1. Precaliente el horno a 280°F. Sazone el tocino con sal, pimienta y chile ancho en polvo. Acomode los chiles en una asadera grande y coloque el tocino sobre los chiles, con la piel hacia abajo. Vierta ½ taza de agave sobre el tocino.

2. Diluya el agave restante mezclando con el caldo de pollo o con agua. Añada el líquido a la bandeja para asar. Cubra bien con una tapa o papel de aluminio y hornee por 2 horas, rociando el tocino con los jugos de la bandeja cada 30 minutos.

3. Dé vuelta al tocino y siga horneando por alrededor de 2 horas más hasta que esté suave al contacto con un tenedor.

4. Transfiera el tocino a una bandeja o recipiente profundo, reservando los jugos, y deje enfriar a un lado. Cuando el tocino esté frío, cubra con papel pergamino o encerado. Coloque un plato grande sobre el tocino cubierto y presiónelo con latas pesadas o con un ladrillo envueltos en papel aluminio. Refrigere el tocino de esta manera durante toda la noche.

5. Vierta el líquido de la bandeja en una sartén y reserve los chiles.

6. Cocine la salsa a fuego lento de 30 a 45 minutos hasta que se reduzca a alrededor de 1 taza. Añada los chiles reservados y retire la salsa del fuego. Deje enfriar a un lado y guarde luego en el refrigerador.

TIEMPO DE PREPARACIÓN:
30 minutos

TIEMPO TOTAL: 2 horas, 45 minutos

PORCIONES: 8

INGREDIENTES:

8 Telitas de queso (vea la receta de la Pág. 9)

Pico de gallo con salsa de chile serrano (vea la receta de la Pág. 82)

Tocino de cerdo glaseado con chile cachucha (vea la receta a continuación)

PARA EL TOCINO DE CERDO CON CHILE CACHUCHA:

3 libras de tocino de cerdo, sin los huesos de las costillas

3 cucharaditas de sal kosher

2 cucharaditas de pimienta negra recién molida

2 cucharaditas de chile ancho en polvo

8 chiles cachucha, picados

2 chiles California, picados

1 pimentón fresco de cayena, picado

1 taza de jarabe de agave, dividido

2 tazas de caldo de pollo o de agua

(receta continúa)

7. Retire el tocino del refrigerador antes de servir. Precaliente a fuego medio una sartén o una cacerola grande de hierro fundido.

8. Corte el tocino en trozos de 1 pulgada. Chamusque el tocino por todos los lados por alrededor de 3 minutos de cada lado hasta que esté caliente y crujiente. Vuelva a calentar el glaseado y unte en el tocino.

ARME LA TELITA:

Cubra la Telita con el Pico de gallo con salsa de chile serrano. Corone con un trozo de Tocino glaseado con chile cachucha.

TOSTADAS AL PASTOR

El chipotle y el comino añaden un toque ahumado a la carne de cerdo de esta receta. Un adobo lento infunde a la carne el aroma del orégano y los chiles, y la piña le añade notas dulces.

1. Haga un adobo en una licuadora, añadiendo la mitad de la cebolla y la piña picadas. Agregue el jugo de naranja, la mitad del ajo, el vinagre, el chile de árbol, la sal, el orégano, el comino, el chile chipotle en adobo y 3 cucharadas de cilantro picado. Licúe hasta que esté suave.

2. Coloque la carne en una bolsa plástica resellable, y vierta el adobo encima para cubrir el cerdo. Selle la bolsa y dele vuelta para cubrir bien la carne. Guarde la bolsa en el refrigerador por un mínimo de 4 horas o durante toda la noche.

3. Caliente aceite vegetal a fuego alto en una sartén grande. Añada la cebolla y la piña restantes al aceite caliente. Agregue la carne de cerdo adobada y dore de 6 a 8 minutos por cada lado, hasta que esté bien cocinada.

4. Sazone la carne de cerdo con sal y pimienta y retire la sartén del fuego. Espolvoree el cerdo con cilantro fresco. Deje a un lado.

ARME LA TOSTADA:

Esparza el Puré de frijol pinto en las tostadas, agregue luego el cerdo al pastor, el cilantro fresco y la cebolla. Sirva con un casco de limón.

TIEMPO DE PREPARACIÓN:
15 minutos

TIEMPO TOTAL: 25 minutos

PORCIONES: 6

INGREDIENTES:

12 Tostadas (vea la receta de la Pág. 25)

Puré de frijol pinto (vea la receta de la Pág. 41)

Cerdo al pastor (vea la receta a continuación)

½ taza de cilantro, picado

½ taza de cebolla amarilla, cortada en cubitos

Cascos de limón

PARA EL CERDO AL PASTOR:

1 cebolla blanca grande, cortada en cubos pequeños, dividida

1 piña pelada, cortada en cubos pequeños, divididos

½ taza de jugo de naranja natural

¼ de taza de ajo picado, dividido

¼ de taza de vinagre blanco destilado

¼ de taza de chile de árbol en polvo

2 cucharaditas de sal kosher, más un poco para sazonar

1 cucharadita de orégano seco, preferiblemente mexicano

2 cucharaditas de comino en polvo

2 chiles chipotle en adobo

½ taza de cilantro fresco picado, dividido

2½ libras de lomo de cerdo, cortado en cubos de ½ pulgada

3 cucharadas de aceite vegetal

Pimienta negra recién molida, al gusto

Cilantro fresco, picado, para espolvorear

TIEMPO DE PREPARACIÓN:
25 minutos

TIEMPO TOTAL: 35 minutos

PORCIONES: 4

INGREDIENTES:

8 Tortillas blandas de maíz (vea la receta de la Pág. 23)

Cerdo estilo cubano (vea la receta a continuación)

¼ de taza de ramitas de cilantro

Un casco de limón

PARA EL CERDO ESTILO CUBANO:

1 libra de lomo de cerdo, cortado en cubos del tamaño de un bocado

8 dientes de ajo, picados

1 cucharadita de sal kosher

½ cucharadita de pimienta negra

2 cucharaditas de orégano fresco, finamente picado

1 cucharadita de tomillo fresco, finamente picado

¼ de taza de aceite de oliva

¼ de taza de jugo de naranja

¼ de taza de jugo de limón amarillo

La ralladura de 1 limón amarillo

La ralladura de 1 naranja

2 cucharadas de aceite vegetal

PARA LAS CEBOLLAS REHOGADAS:

2 cucharadas de mantequilla

2 tazas de cebolla blanca, cortada en rodajas delgadas

1 cucharada de vinagre de vino blanco

1 cucharada de jugo de limón

1 cucharada de hojas de apio, finamente picadas

1 cucharadita de sal kosher

1 cucharadita de pimienta negra fresca

CERDO ESTILO CUBANO

Más que un chorrito de limón o naranja, es la cáscara de los ingredientes cítricos de esta receta lo que da al cerdo una gran chispa de sabor. Me encanta cocinar con cáscaras de cítricos, pues añaden un sabor instantáneo y duradero. Agregue el sabor acre del ajo y la dulzura de las cebollas rehogadas, y el plato adquirirá una sabor cubano clásico.

HAGA EL CERDO:

1. Vierta los cubos de lomo de cerdo, el ajo, la sal, la pimienta, el orégano, el tomillo, el aceite de oliva, el jugo de naranja, el jugo de limón amarillo, la ralladura de limón amarillo y la ralladura de naranja en una bolsa plástica y resellable de 1 galón. Reserve a un lado y deje marinar el cerdo por un mínimo de 2½ horas o durante toda la noche en el refrigerador.

2. Precaliente el horno a 350°F. Saque la carne del refrigerador y retire el exceso de adobo.

3. Caliente una sartén a fuego alto. Añada el aceite vegetal y la carne. Saltee los cubos de cerdo por alrededor de 2 minutos hasta chamuscar.

4. Esparza los cubos de cerdo en una asadera con bordes y deje la sartén a un lado. A continuación, lleve la asadera y hornee el cerdo a 350°F por 10 minutos.

5. Encienda la función de asado del horno y cocine la carne por 5 minutos hasta que esté dorada.

HAGA LAS CEBOLLAS REHOGADAS:

1. Vierta la mantequilla y la cebolla en una sartén y saltee a fuego medio-alto por alrededor de 2 minutos hasta que la cebolla esté transparente.

2. Agregue el vinagre de vino blanco y exprima el jugo de limón sobre la cebolla y retire la sartén del fuego. Termine con hojas de apio, sal y pimienta.

ARME EL TACO:

Coloque los trozos de cerdo en una tortilla de maíz caliente, y cubra con las cebollas rehogadas. Decore con una ramita de cilantro y un casco de limón.

CERDO CON SALSA BARBACOA DE TUNA DE NOPAL

TIEMPO DE PREPARACIÓN: 30 minutos

TIEMPO TOTAL: 2,5 horas

PORCIONES: 6

Las tunas de nopal, que pueden variar en sabor desde el de la sandía dulce al de una tarta de kiwi, dan mucho carácter a la salsa de esta receta. Al cerdo le va bien un poco de ácido y de dulzura, y lo recibe de esta salsa. Precaución: las tunas pueden ser difíciles de manipular porque son espinosas. Mi sugerencia es que utilice unas pinzas para sujetar la fruta con una mano mientras desprende la piel con un cuchillo (o use una toalla de cocina gruesa para protegerse las manos).

INGREDIENTES:

6 tortillas esponjosas (vea la receta de la Pág. 29)

Cerdo con tuna a la barbacoa (vea la receta a continuación)

Ensalada clásica de repollo (vea la receta de la Pág. 119)

Crema de queso azul (vea la receta de la Pág. 105)

PARA EL CERDO CON TUNA A LA BARBACOA:

1½ libras de lomo de cerdo

1 cucharadita de tomillo fresco, picado

1 cucharadita de ajo en láminas

1 cucharadita de pimienta roja en hojuelas

2 cucharaditas de perejil seco

2 cucharaditas de sal kosher

1 cucharadita de pimienta negra fresca

3 cucharadas de jugo de limón amarillo

3 cucharadas de jugo de naranja

3 dientes de ajo, picados

1 cucharada de aceite de oliva

2 cucharadas de aceite vegetal, para saltear

PARA LA SALSA BARBACOA:

4 tunas, peladas

2 cucharadas de mantequilla sin sal

2 tallos de apio, finamente picados

2 puerros, sólo la parte blanca, finamente picados

1 cebolla, cortada en cubos pequeños

3 dientes de ajo, picados

1 taza de kétchup

1 taza de caldo de carne

¼ de taza de vinagre de coco

¼ de taza de vinagre de champaña

2 cucharadas de salsa inglesa

¼ de taza de ron oscuro

¼ de taza de melaza

½ taza de miel

1 cucharadita de mostaza en polvo

1 cucharadita de comino en polvo

1 cucharadita de sal kosher

½ cucharadita de chile piquín o de chile en polvo

HAGA EL CERDO:

1. Vierta el lomo de cerdo, el tomillo, el ajo en láminas, las hojuelas de pimienta roja, el perejil seco, la sal, la pimienta, el jugo de limón amarillo, el jugo de naranja, los dientes de ajo y el aceite de oliva en un tazón grande. Cubra el tazón y guarde en el refrigerador para marinar por un mínimo de 2½ horas o durante toda la noche.

(receta continúa)

2. Caliente una sartén a fuego alto; añada el aceite vegetal a la sartén. Retire el cerdo del tazón y reserve el adobo. Dore el cerdo en aceite caliente de manera uniforme por todos los lados, por alrededor de 2 minutos de cada lado.
3. Agregue la marinada a la sartén y retírela del fuego.
4. Vierta el lomo de cerdo y el adobo líquido en una olla de cocción lenta.

HAGA LA SALSA:

1. Licúe las tunas y cuele para retirar las semillas. (El jugo de tuna rinde alrededor de 1½ tazas).
2. Derrita la mantequilla en una cacerola mediana a fuego medio, agregue el apio, los puerros, la cebolla y el ajo y sofría hasta que la cebolla se ablande.
3. Vierta el jugo de tuna de nopal, el kétchup, el caldo de carne, el vinagre de coco, el vinagre de champaña, la salsa inglesa, el ron oscuro, la melaza, la miel, la mostaza en polvo, el comino en polvo, la sal y el chile piquín en la cacerola. Cocine a fuego lento y revuelva hasta que la salsa esté bien mezclada.
4. Vierta la mitad de esta salsa en una olla de cocción lenta con el lomo de cerdo. Cocine a fuego alto por 4 horas (o ponga la olla en la función «Cerdo»).
5. Hierva el resto de la salsa. Reduzca a fuego lento y cocine por alrededor de 1 hora o hasta que la salsa se reduzca a la mitad.

DESMENUCE EL CERDO:

1. Desmenuce el cerdo en pedazos del tamaño de un bocado con 2 tenedores o con sus dedos.
2. Agregue el cerdo desmenuzado a la salsa y cocine a fuego lento hasta que la carne y la salsa estén bien mezcladas.

ARME EL TACO:

Coloque las Tortillas esponjosas en el centro de un plato. Cubra con el Cerdo con tuna a la barbacoa y la Ensalada clásica de repollo. Termine con un chorrito de Crema de queso azul.

CARNITAS CON TEQUILA Y LIMÓN

TIEMPO DE PREPARACIÓN:
45 minutos

TIEMPO TOTAL:
3,5 a 4 horas en olla de cocción lenta; 35 a 45 minutos en olla a presión

PORCIONES: 8

Estas carnitas reposan en un adobo picante y dulce que les da su base de sabor. Son una cobertura sustanciosa para sopes y contrastan muy bien con la ensalada de chayote. Esta receta preparada a fuego bajo y lento constituye un delicioso almuerzo o una cena de domingo, y es perfecta para las familias ocupadas: coloque la olla de cocción lenta por la mañana y sus carnitas estarán calientes y listas cuando llegue a casa. Para obtener los mejores resultados, utilice el método de cocción lenta.

Atajo: Si no tiene mucho tiempo, utilice una olla a presión en lugar de una olla de cocción lenta para reducir el tiempo de cocción en más de la mitad.

INGREDIENTES:

8 Sopes (vea la receta de la Pág. 30)

Carnitas con tequila y limón (vea la receta a continuación)

Ensalada de chayote y jalapeño (vea la receta de la Pág. 118)

Crema de cilantro (vea la receta de la Pág. 112)

PARA LAS CARNITAS CON TEQUILA Y LIMÓN:

3 libras de lomo o pernil de cerdo sin hueso, con la capa de grasa eliminada, cortado en cubos de 2 pulgadas

6 dientes de ajo, picados

1 taza de cebolla, cortada en cubos pequeños

½ taza de jugo de limón

La ralladura de 3 limones

½ taza de tequila

½ taza de jugo de naranja

La ralladura de 1 naranja

¼ de taza de cilantro fresco, finamente picado

¼ de taza de ají dulce o cachucha, cortado en cubos pequeños

¼ de taza de chiles Anaheim, picados

2 cucharadas de chile jalapeño, picado

1 cucharada de chile ancho en polvo

3 cucharadas de miel

½ cucharada de sal kosher

1 cucharadita de pimienta negra

2 cucharadas de aceite de canola

1 taza de caldo de pollo casero o de consomé bajo en sodio

2 cucharadas de cilantro, finamente picado

1 cucharada de menta, finamente picada

1. Vierta la carne de cerdo, el ajo, la cebolla, el jugo de limón, la ralladura de limón, el tequila, el jugo de naranja, la ralladura de naranja, el cilantro, el ají dulce, los chiles Anaheim, los jalapeños, el chile ancho en polvo, la miel, la sal y la pimienta en un tazón grande. Deje marinar por un mínimo de 2½ horas o durante toda la noche en el refrigerador.

(receta continúa)

2. Caliente el aceite de canola a fuego medio-alto en una sartén grande y profunda para hornear y con tapa. Añada la carne de cerdo y dore por todos los lados. Agregue el caldo de pollo, la marinada y cocine de 2 a 3 minutos.

3. Cubra la sartén herméticamente con la tapa o con papel aluminio y cocine a fuego lento de 3 ½ a 4 horas (o transfiera los ingredientes a una olla de cocción lenta, y cocine en alto), o hasta que el cerdo esté suave al contacto con un tenedor. Retire el cerdo de la sartén y coloque en un recipiente resistente al calor. (Si utiliza una olla a presión, añada la carne de cerdo a la olla y cocine de 35 a 45 minutos).

4. Deje enfriar la salsa un poco, y vierta en una licuadora. Licúe hasta que la salsa esté suave y regrese a la sartén. Hierva la salsa. (Si utiliza una batidora de inmersión, mezcle y hierva la salsa en una cacerola). Deje que la salsa se reduzca a la mitad por alrededor de 15 minutos.

5. Desmenuce el cerdo con dos tenedores. Vierta un poco de la salsa reducida sobre el cerdo y adorne con cilantro y menta picados.

ARME LOS SOPES:

Cubra los sopes con las Carnitas con tequila y limón y luego agregue la Ensalada de chayote y jalapeño. Termine con un chorrito de Crema de cilantro.

INGREDIENTES:

Chips de tortilla (puede usar chips comprados en la tienda)

Carnitas con chipotle (vea la receta a continuación)

2 tazas de queso Monterey Jack, rallado

Crema de cítricos (vea la receta de la Pág. 107)

Pico de gallo (vea la receta de la Pág. 67)

PARA LAS CARNITAS CON CHIPOTLE:

3 libras de lomo de cerdo

2 cucharaditas de sal kosher

1 cucharadita de pimienta negra

2 cucharadas de aceite vegetal

1 cebolla picada

1 cucharadita de comino

1 cucharadita de paprika ahumada

6 dientes de ajo, picados

3 chiles chipotles, picados

14 onzas de tomates enlatados, con el líquido, cortados en cubitos

2 cucharadas de salsa de adobo

1 hoja de laurel

1 cucharadita de orégano seco

3 clavos

½ taza de caldo de carne o de agua

NACHOS CON CARNITAS Y CHIPOTLE

Las notas ahumadas del chipotle y la paprika aromatizan estas carnitas, que constituyen una deliciosa e inesperada cobertura para los nachos. Por debajo de una burbujeante capa de queso Jack derretido, arden con sabor. Añada una cucharada de Crema de cítricos para obtener un contraste fresco.

1. Sazone el lomo de cerdo con sal y pimienta. Caliente el aceite a fuego medio-alto en una olla de hierro o en un tostador. Cocine la carne, asegurándose de que todas las partes estén bien doradas. Retire la carne de la olla y deje a un lado.

2. Vierta la cebolla en la olla y saltee hasta que esté ligeramente dorada. Añada el comino, la paprika, los dientes de ajo y los chipotles picados, y rehogue por alrededor de 30 segundos.

3. Añada los tomates con su líquido, la salsa de adobo, la hoja de laurel, el orégano seco, los clavos y el caldo o el agua, asegurándose de raspar el fondo de la olla.

4. Regrese la carne a la sartén, hierva los ingredientes y luego cocine a fuego lento. Brasee la carne hasta que se desmorone, por 3 o 4 horas (o por alrededor de 6 horas en una olla de cocción lenta).

5. Retire la carne y reserve. Saque el clavo y las hojas de laurel del líquido. Vierta el líquido en un procesador de alimentos o licuadora y licúe hasta formar una salsa. Cocine la salsa por alrededor de 3 a 5 minutos a fuego lento en la estufa.

6. Desmenuce el lomo con dos tenedores. Vierta la carne desmenuzada a la salsa, cocine a fuego lento, deje que absorba el sabor y los jugos y caliente bien. Deje a un lado.

ARME LOS NACHOS:

1. Precaliente el horno a 350°F. Disponga los chips de tortilla en una bandeja para hornear y cubra con las Carnitas con chipotle y el queso Monterey rallado.

2. Hornee por 10 minutos para derretir el queso. Retire la bandeja del horno. Sirva los Nachos con unas cucharadas de Crema de cítricos encima o al lado y el Pico de gallo.

SALCHICHAS ESTILO *LINGUIÇA* CON PIMENTONES SALTEADOS

TIEMPO DE PREPARACIÓN:
25 minutos

TIEMPO TOTAL: 35 minutos

PORCIONES: 4-6

Mi opinión sobre un combo tradicional de salchicha y pimentones comienza con una buena cantidad de linguiça *de cerdo curada. Estas salchichas, ligeramente especiadas y ahumadas, se suelen vender en ristras muy largas, y son muy populares en Brasil y en otros lugares con fuerte herencia brasileña o portuguesa. Son más largas y delgadas que nuestros chorizos, por lo que requieren menos tiempo de cocción que los chorizos o que las salchichas más gruesas. La* linguiça *es deliciosa con una colorida mezcla de pimentones.*

INGREDIENTES:

6 tortillas de harina, calientes

Linguiça y pimentones (vea la receta a continuación)

Guasacaca picante (vea la receta de la Pág. 93)

PARA LA *LINGUIÇA* Y PIMENTONES:

1 libra de *linguiça* (o de otra salchicha ahumada de cerdo)

Sal kosher

Pimienta negra recién molida

2 cucharadas de aceite vegetal

¼ de taza de cebolla, cortada en rodajas delgadas

3 dientes de ajo, picados

¼ de taza de pimentón verde, en tiras

¼ de taza de pimentones amarillos, en tiras

¼ de taza de pimentones rojos, en tiras

2 cucharadas de cilantro fresco, picado

1. Prepare y caliente una parrilla de carbón o de gas. Sazone la *linguiça* por ambos lados con sal y pimienta abundantes. Coloque la salchicha en la parrilla caliente y cocine sin mover, de 4 a 5 minutos, hasta que tenga marcas de la parrilla. Gire la salchicha y cocine por otros 4 a 5 minutos. Retire la salchicha de la parrilla y corte en rodajas de 2 pulgadas.

2. Caliente el aceite a fuego medio-alto en una sartén grande. Saltee la cebolla, el ajo y los pimentones por alrededor de 2 minutos. Añada la *linguiça* y sofría por 1 o 2 minutos. Retire del fuego, espolvoree con cilantro fresco y deje a un lado.

PARA ARMAR:

Caliente las tortillas de harina en la parrilla por alrededor de 20 segundos. Sirva la *linguiça* y los pimentones en una bandeja con un poco de Guasacaca picante de guasacaca. Sirva las tortillas calientes a un lado.

INGREDIENTES:

Cecina de lomo de cerdo (vea la receta a continuación)

Ensalada de jícama (vea la receta de la Pág. 120)

Rábanos, en rodajas delgadas

½ taza de hojas de cilantro

8 Telitas con queso (vea la receta de la Pág. 9)

PARA LA CECINA DE LOMO DE CERDO:

3 cucharadas de azúcar

2 dientes de ajo, picados

2 citronelas, cortadas en trozos pequeños, para la marinada

½ cucharada de ají amarillo

1 cucharada de jengibre fresco, rallado

½ taza de salsa de soya

3 cucharadas de aceite de oliva

2 cucharadas de aceite vegetal

1 cucharada de aceite de ajonjolí

1 libra de lomo de cerdo, cortado en rodajas delgadas

CECINA DE LOMITO (*TENDERLOIN*) DE CERDO

Mi versión de la cecina de cerdo no requiere deshidratar la carne, sino una mezcla audaz de notas de sabor asiáticas y peruanas.

1. Coloque todos los ingredientes en un tazón, menos la carne de cerdo, y revuelva hasta mezclar bien.
2. Añada el cerdo en rodajas al adobo y cubra con una envoltura plástica. Deje marinar por un mínimo de 2 horas o durante toda la noche en el refrigerador.
3. Retire el cerdo del refrigerador. Caliente una parrilla o una sartén en la estufa a fuego medio. Retire la carne de la marinada (deseche el adobo) y dore la carne de 1 a 1½ minutos por cada lado. Apague el fuego y reserve.

PARA ARMAR:

Acomode las rodajas de cecina en una fuente de servir formando un abanico. Cubra con Ensalada de jícama y decore con rábanos y cilantro. Sirva con una guarnición de Telitas de queso.

TAMAL DE CERDO BRASEADO EN HOJA DE PLÁTANO

Esta masa de tamal se hace más contundente gracias al cerdo braseado. Cocinados juntos al vapor, constituyen una comida completa en una sencilla hoja de plátano.

HAGA EL ACEITE DE ACHIOTE:

Caliente una sartén a fuego medio y añada el aceite. Cuando el aceite esté caliente, agregue las semillas de achiote y apague el fuego. Deje reposar la sartén hasta enfriar. Cuele el aceite y utilice en la receta del tamal.

HAGA LOS TAMALES:

1. Mezcle la harina de maíz, el caldo de pollo, el cerdo braseado y el aceite de achiote. Revuelva con las manos hasta que los ingredientes estén bien mezclados. Deje reposar la mezcla unos minutos.

2. Coloque una hoja de plátano sobre una superficie plana. Añada alrededor de 3 cucharadas de la masa, esparciendo con el respaldo de una cuchara para formar un rectángulo de alrededor de 5½ por 3 pulgadas.

3. Doble la hoja por la mitad, y luego doble el borde totalmente abierto para asegurar el relleno.

4. Doble los extremos de la hoja hacia el centro, creando un rectángulo perfectamente doblado.

5. Envuelva otra hoja de plátano, de 3 por 8 pulgadas, alrededor del tamal y asegure en un rectángulo.

6. Ate cada tamal con una cuerda de carnicería.

7. Coloque los tamales en una vaporera de 35 a 40 minutos. Retire los tamales y coloque en una bandeja. Deje reposar 5 minutos antes de servir.

8. Aderece con Salsa criolla y sirva con un poco de Salsa picante de rocoto.

TIEMPO DE PREPARACIÓN:
30 minutos

TIEMPO TOTAL:
40–45 minutos

PORCIONES: 12 tamales

INGREDIENTES:

1 taza de harina de maíz precocida

1 taza de caldo de pollo

2 tazas de Cerdo braseado (vea la receta en la página 170: Receta de Tostadas de cerdo braseado)

2 cucharadas de aceite de achiote (vea la receta a continuación)

Salsa criolla (vea la receta de la Pág. 101)

Salsa picante de rocoto (vea la receta de la Pág. 62)

PARA EL ACEITE DE ACHIOTE:

1 taza de aceite vegetal

2 cucharadas de semillas de achiote

PARA ENVOLVER LOS TAMALES:

Hojas de plátano, de 8 por 10 pulgadas cada una (puede utilizar hojas congeladas).

Cuerda de carnicería, para atar

TIEMPO DE PREPARACIÓN:
10 minutos

TIEMPO DE COCCIÓN:
15 minutos

TIEMPO TOTAL: 25 minutos

PORCIONES: 4

INGREDIENTES:

4 lonchas delgadas de panceta

1 tomate amarillo, cortado en rodajas de un mínimo de ½ pulgada

1 tomate rojo, cortado en rodajas de un mínimo de ½ pulgada

2 cucharadas de aceite de oliva

1 cucharada de vinagre balsámico

Sal kosher

Pimienta negra

8 rebanadas de queso para freír, en trozos de ¼ de pulgada

4 telitas de queso (vea la receta de la Pág. 9)

1 taza de espinaca

4 huevos fritos

TELITAS CON PANCETA CRUJIENTE, TOMATES ASADOS Y QUESO

Este plato es lo que ustedes podrían obtener si mezclaran un BLT con un taco. Pero en vez de las tradicionales rebanadas de tocineta, utilizo panceta crujiente. Reemplazo la lechuga con espinaca y añado un trozo de queso frito y un huevo frito, porque en este libro, BLT significa Bold Latin Taco: *es decir, Taco Latino Audaz.*

1. Precaliente el horno a 350°F. Coloque la panceta en una rejilla con bandeja para escurrir, y hornee por 15 minutos.
2. Coloque las rodajas de tomate en una asadera con bordes. Sazone con aceite de oliva, vinagre balsámico, sal y pimienta. Hornee el tomate por 15 minutos.
3. Fría el queso por 30 segundos por cada lado y a fuego medio en una sartén antiadherente mediana

ARME LAS TELITAS:

Cubra cada Telita de queso con 5 hojas de espinaca, y luego con un trozo de panceta. Añada rodajas de tomates amarillos y rojos. Corone cada Telita con un huevo frito y con rebanadas de queso frito.

CAPÍTULO 10

PESCADOS Y MARISCOS

Un taco de pescado fresco es una de mis comidas favoritas. Me encanta la sencillez que tiene, la forma en que el sabor del pescado fresco se ve realzado en la parrilla o en la freidora. Me encanta el contraste de ingredientes. Y me encanta que el plato sea fácil de hacer.

Las aguas que rodean y que fluyen a través de América Latina ofrecen algunos de los rellenos más estelares para nuestros tacos. Cualquiera que haya comido un bocado de un sabroso taco con pescado sabe bien esto. En las recetas que siguen, exploraremos más allá del clásico taco de pescado y nadaremos en aguas nuevas y emocionantes. Remataremos las tostadas con ceviche fresco, crearemos rellenos para tacos con atún picante y con tártara de atún, prepararemos rápidamente unos calamares picantes y chisporroteantes, acompañaremos el salmón ahumado con arepas de camote, y mucho más.

Ya sea preparados a la parrilla, fritos, salteados o crudos, los pescados y mariscos nos ofrecen todo un mundo de posibilidades cuando se trata de rellenos y coberturas. Y lo mejor de estos rellenos es que muchas veces son tan deliciosos crudos como cocinados.

RECETAS

TEMPURA DE CAMARÓN *JUMBO*

Estos tacos están llenos de sabor y texturas contrastantes: la tempura crujiente y super ligera que cubre el camarón contrasta con las tortillas de maíz azul blandas pero resistentes. La cobertura picante de cebolla y jalapeño contrasta con la salsa dulce y ahumada de durazno y chipotle. Para lograr un factor de contracción aireada, se añaden maicena y agua mineral a la tempura.

INGREDIENTES:

Cobertura de cebolla y jalapeño

8 Tortillas de maíz azul (vea la receta de la Pág. 26)

Tempura de camarón *jumbo* (vea la receta a continuación)

Salsa picante de durazno y chipotle (vea la receta de la Pág. 59)

PARA LA TEMPURA DE CAMARÓN JUMBO:

Aceite vegetal, para freír

⅔ de taza de harina para todo uso

¼ de taza de maicena

1 cucharadita de tomillo fresco, finamente picado

1 cucharada de cilantro fresco, finamente picado

1 cucharada de menta fresca, finamente picada

1 cucharadita de chile ancho en polvo

1½ tazas de agua mineral fría

8 camarones *jumbo*, con la cola, limpios y desvenados

PARA LA COBERTURA DE CEBOLLA Y JALAPEÑO:

½ taza de cebolla roja, cortada en rodajas delgadas

1 jalapeño, cortado en rodajas delgadas

¼ de taza de cilantro, picado

½ cucharada de aceite de oliva

Sal kosher y pimienta negra al gusto

HAGA LA TEMPURA DE CAMARÓN *JUMBO*:

1. Caliente el aceite a 350°F en una sartén o freidora grande y profunda.
2. Bata la harina, la maicena, el tomillo, el cilantro, la menta y el chile ancho en polvo en un tazón grande y frío. Agregue lentamente el agua mineral, pero sin mezclar en exceso. (Este paso es clave para que el rebosado sea liviano).
3. Sumerja los camarones en la tempura y cubra de manera uniforme. Fría de inmediato, dejando caer los camarones con cuidado en la freidora. Cocine de 1 a 2 minutos.
4. Cuando los camarones floten en la superficie, retire con una espumadera y coloque en una rejilla para escurrir. Sazone con sal.

HAGA LA COBERTURA DE CEBOLLA Y JALAPEÑO:

Mezcle la cebolla roja, el jalapeño, el cilantro, el aceite de oliva, la sal y la pimienta en un tazón pequeño.

PARA ARMAR:

Coloque la cobertura de cebolla y jalapeño en las tortillas de maíz azul y luego cubra cada una con 1 pieza de Tempura de camarón *jumbo*. Sirva con un poco de Salsa picante de durazno y chipotle.

TOSTADAS CON CEVICHE

CEVICHE PURÉ DE CAMOTE Y ENSALADA DE MAÍZ

TIEMPO DE PREPARACIÓN:
20 minutos

TIEMPO TOTAL: 25 minutos

PORCIONES: 4

El ceviche fresco es un plato crudo que se puede disfrutar todo el año. Durante el verano, los sabores cítricos, frescos e intensos de un buen ceviche son perfectos para los días tórridos; y cuando se combina con un puré de camote con infusión de clavos, este plato adquiere hermosas notas de otoño e invierno. El truco para hacer esta receta es mantener bien fríos el pescado y la leche de tigre.

INGREDIENTES:

PARA LA ENSALADA DE MAÍZ:

¼ de taza de cebolla roja, cortada en rodajas muy delgadas

½ jalapeño rojo, cortado en rodajas delgadas

1/2 taza de jugo de limón amarillo

1½ cucharaditas de sal kosher, divididas

2½ cucharadas de cilantro fresco, finamente picado y dividido

½ taza de maíz peruano (choclo)

PARA LA CEVICHE

½ cucharadita de pasta de rocoto

1 libra de pez perro (*hogfish*) o de pargo rojo, cortado en cubitos de ¼ de pulgada (reserve 2 o 3 cubos para la leche de tigre)

¼ de taza de cebolla roja, finamente picada

½ jalapeño rojo, finamente picado

1 camote grande, hervido y en puré, sazonado con sal*

PARA LA LECHE DE TIGRE:

¼ de taza de cebolla blanca, cortada en pedazos

½ tallo de apio, cortado en pedazos

¼ de cucharadita de ajo picado

⅓ de taza de jugo de limón

¼ de taza de jugo de limón amarillo

2–3 trozos del pescado reservado**

½ taza de caldo de pescado

1 taza de hielo

½ cucharada de sal kosher

⅛ de cucharadita de ají amarillo

½ cucharada de cilantro fresco, picado

1 cucharadita de jengibre, pelado y rallado

PARA LAS TOSTADAS:

12 envolturas redondas de wantán, fritas

HAGA LA LECHE DE TIGRE:

Vierta la cebolla, el apio, el ajo, el jugo de limón, el jugo de limón amarillo, el pescado, el caldo de pescado, el hielo, la sal, el ají amarillo, el cilantro y el jengibre en una licuadora.

(receta continúa)

---

*Para añadir al camote toques de especias horneadas, hierva 3 cucharadas de azúcar, 2 clavos y 1 barra de canela en 2 tazas de agua. Triture el camote cuando esté blando.

**Para hacer la leche de tigre, vierta a la licuadora 2 o 3 pedazos del pescado utilizado en el ceviche. Esto crea una consistencia más espesa sin necesidad de usar crema.

Licúe hasta que esté suave, cuele y guarde en el refrigerador. Mantenga siempre frío hasta el momento de usar.

HAGA LA ENSALADA DE MAÍZ:

Mezcle la cebolla roja en rodajas, el jalapeño rojo en rodajas, el jugo de limón amarillo, ½ cucharadita de sal, ½ cucharada de cilantro y el maíz peruano en un tazón mediano. Deje marinar por 20 minutos en el refrigerador.

HAGA EL CEVICHE:

1. Cubra el fondo de un recipiente grande con ½ cucharadita de pasta de rocoto.
2. Agregue el pescado, la cebolla roja picada, el jalapeño rojo picado, 2 cucharadas de cilantro y ½ cucharadita de sal.
3. Agregue la leche de tigre al pescado y deje reposar por 5 minutos en el refrigerador.

HAGA LA TOSTADA:

1. Fría las envolturas de wantán hasta que estén doradas y sazone con sal.
2. Usando una cuchara, esparza 1 cucharada de puré de camote en un wantán frito. Coloque de 1 a 1½ cucharadas de ceviche sobre el camote. Cubra con la ensalada de maíz.

ATÚN PICANTE

Este bocado es tan hermoso a la vista como lo es delicioso para el paladar: una Reinita con remolacha vibrantemente roja se remata con atún fresco. Los elementos picantes del pescado marinado contrastan muy bien con el sabor natural de la reinita.

Mezcle el atún, el jalapeño rojo, la cebolla roja, el perejil, la ralladura de limón, el aceite de oliva extra virgen, la pimienta roja, la sal y la pimienta negra en un tazón mediano y frío.

PARA ARMAR:

Coloque el atún picante sobre la Reinita de remolacha y termine con el aguacate fresco.

TIEMPO DE PREPARACIÓN:
30 minutos

TIEMPO TOTAL: 35 minutos

PORCIONES: 6

INGREDIENTES:

12 Reinitas de remolacha (vea la receta de la Pág. 18)

Atún picante (vea la receta a continuación)

1 aguacate, cortado en cubos pequeños

PARA EL ATÚN PICANTE:

8 onzas de atún fresco, cortado en cubos pequeños

2 cucharadas de chile jalapeño rojo, cortado en dados pequeños

2 cucharadas de cebolla roja, cortada en dados pequeños

2 cucharadas de perejil fresco, finamente picado

½ cucharadita de ralladura de limón amarillo

1 cucharada de aceite de oliva extra virgen

1 pizca de pimienta roja

2 cucharaditas de sal kosher

1 pizca de pimienta negra recién molida

TIEMPO DE PREPARACIÓN:
15 minutos

TIEMPO TOTAL: 20 minutos

PORCIONES: 4

TÁRTARA DE ATÚN

INGREDIENTES:

8 Tostadas (vea la receta de la Pág. 25)

Tártara de atún (vea la receta a continuación)

Ensalada de repollo morado (vea la receta de la Pág. 129).

Chalotes crujientes (vea la receta de la Pág. 129)

PARA LA TÁRTARA DE ATÚN:

8 onzas de atún fresco, desvenado y finamente picado

1 cucharada de caviar para sushi

1 cucharada de cebolla roja, en cubos pequeños

1 cucharada de cilantro fresco, finamente picado

1 cucharadita de sal kosher

1 cucharada de aceite de oliva extra virgen

Un toque de caviar para sushi le da notas saladas a esta deliciosa tártara elaborada con atún crudo para sushi. Una tostada y unos chalotes crujientes añaden crocancia a este combo.

Mezcle el atún, el caviar, la cebolla roja, el cilantro, la sal y el aceite de oliva en un tazón mediano y frío.

PARA ARMAR:

Cubra las tostadas con la tártara de atún, ensalada de repollo morado y termine con chalotes crujientes.

PALITOS CRUJIENTES DE PESCADO

¡Hola, palitos de pescado del Nuevo Mundo! Estos palitos fritos y crujientes ofrecen notas de comino, cilantro y ají amarillo peruano.

1. Bata el huevo, la leche y el agua en un tazón mediano. Agregue el comino, el ají amarillo, el orégano, el cilantro, el polvo para hornear y la sal.
2. Vierta la harina de maíz en otro tazón mediano.
3. Sumerja con cuidado el pescado en la mezcla de huevo y sacuda el exceso. Cubra luego cada palito de pescado con la harina de maíz precocida, presionando ligeramente para asegurar que esta se adhiera al pescado.
4. Vierta con cuidado el pescado en la freidora. Cocine de 1½ a 2 minutos. Retire los palitos de pescado del aceite con una espumadera y escurra en una rejilla. Sazone de inmediato con sal.

PARA ARMAR:

Caliente las tortillas en una parrilla por unos segundos, o cubiertas con una toalla húmeda por unos segundos en el microondas. Añada la Ensalada de repollo Napa, los Palitos de pescado y la Crema de chipotle. Sirva con Pico de gallo a un lado.

TIEMPO DE PREPARACIÓN:
20 minutos

TIEMPO TOTAL: 25 minutos

PORCIONES: 4

INGREDIENTES:

8 tortillas de maíz (vea la receta de la Pág. 23)

Ensalada de repollo Napa (vea la receta de la Pág. 126)

Pescado rebozado (vea la receta a continuación)

Crema de chipotle (vea la receta de la Pág. 106)

Pico de gallo (vea la receta de la Pág. 67)

PARA EL PESCADO REBOZADO:

1 huevo

½ taza de leche

½ taza de agua

1 cucharadita de comino en polvo

¼ cucharadita de ají amarillo

½ cucharadita de orégano molido

1 cucharada de cilantro fresco, finamente picado

1 cucharadita de polvo para hornear

1 cucharadita de sal kosher

1 taza de harina de maíz blanco precocida

1 libra de pescado fresco de carne blanca y firme (tilapia, mero, pargo), cortado en palitos de 4 por 1 pulgada

TIEMPO DE PREPARACIÓN:
15 minutos

TIEMPO TOTAL: 25 minutos

PORCIONES: 4

INGREDIENTES:

Pescado rebozado (vea la receta de la Pág. 205)

Frituras de aguacate (vea la receta de la Pág. 339)

Crema de chipotle (vea la receta de la Pág. 106)

Limones sazonados (vea la receta de la Pág. 334)

FISH & CHIPS

Este plato habla aquí con acento latinoamericano, desde el comino en el rebozado del pescado hasta la salsa de crema de chipotle que lo acompaña. ¿Y las frituras? ¡Son de aguacate!

PARA ARMAR:

Sirva los Palitos de pescado rebozados y las Frituras de aguacate a lado y lado, con una porción de Crema de chipotle para remojar. Complete el combo con Limones sazonados.

TACOS DE LUBINA A LA PARRILLA

La lubina es una opción delicada y deliciosa para hacer tacos de pescado. Un gran consejo es cocinar este filete con la piel, pues ayuda a mantener intacto el pescado mientras se asa.

1. Sazone el filete de lubina con sal, pimienta, ají amarillo en polvo, ralladura de limón y aceite de oliva. Deje reposar por 10 minutos para que los sabores se integren.
2. Caliente una parrilla a fuego medio-alto. Coloque la lubina en la parrilla, y cocine por 2 minutos cada lado.
3. Retire el pescado de la parrilla y sazone con unas gotas de limón. Descarte la piel del pescado y desmenúcelo antes de armar los tacos.

PARA ARMAR:

Coloque el repollo morado sobre una tortilla de maíz caliente, seguido por la Lubina a la plancha, el Pico de de gallo picante con durazno, maíz y tomate y la Crema de chipotle. Sirva con Limones sazonados.

TIEMPO DE PREPARACIÓN:
15 minutos

TIEMPO TOTAL: 20 minutos

PORCIONES: 4

INGREDIENTES:

1 taza de repollo morado, rallado

8 tortillas blandas de maíz (vea la receta de la Pág. 23)

Lubina a la parrilla (vea la receta a continuación)

Pico de gallo picante con durazno, maíz y tomate (vea la receta de la Pág. 85)

Crema de chipotle (vea la receta de la Pág. 106)

Limones sazonados (vea la receta de la Pág. 334)

PARA LA LUBINA A LA PARRILLA:

1½ libras de filete de lubina, con la piel

Sal kosher

Pimienta negra

½ cucharadita de ají amarillo en polvo

La ralladura de 1 limón

Aceite de oliva

CALAMARES CHISPORROTEANTES CON SALSA ARDIENTE

Estos calamares crujientes adquieren una tonalidad especiada cuando se sumergen en la salsa de chiles picantes.

INGREDIENTES:

Calamares (vea la receta a continuación)

Salsa ardiente de tomate (vea la receta a continuación)

Limones amarillos sazonados (vea la receta de la Pág. 334)

Perejil picado, para espolvorear

SALSA ARDIENTE DE TOMATE:

4 tomates grandes maduros, picados

1 cebolla roja pequeña, picada en trozos grandes

5 dientes de ajo, picados en trozos grandes

1 chile serrano

1 jalapeño, cortado en rodajas

2 cucharadas de aceite de oliva

1 cucharada de salsa de chipotle picante

1 cucharada de orégano

¼ de taza de hojas de cilantro fresco picado

El jugo de 1 limón

Sal kosher y pimienta

PARA LOS CALAMARES:

½ cucharada de pasta de ají amarillo

1 taza de suero de leche

1 libra de calamares, cortados en anillos de ½ pulgada

Aceite vegetal, para freír

2 tazas de harina de maíz precocida

1 cucharada de chile ancho en polvo

½ cucharada de sal kosher, y más para el acabado

2 huevos

HAGA LA SALSA ARDIENTE DE TOMATE:

1. Revuelva rápidamente los tomates, la cebolla roja, el ajo y los chiles en un poco de aceite de oliva. Ase previamente el tomate, la cebolla, el ajo y los chiles para lograr un sabor ahumado.

2. Triture los ingredientes asados en un molcajete (o mortero). (O triture rápidamente la mezcla con una batidora de inmersión hasta que esté relativamente suave, pero con una consistencia gruesa). Cocine a fuego lento en la estufa de 10 a 15 minutos más.

3. Agregue la salsa picante, el orégano, el cilantro y el jugo de limón. Sazone con sal y pimienta al gusto.

(receta continúa)

HACER LOS CALAMARES:

1. Mezcle la pasta de ají amarillo y el suero en un tazón mediano. Añada los anillos de calamares y marine la mezcla por dos horas en el refrigerador.
2. Caliente a 350°F una sartén o freidora grande y profunda, llena a ⅓ de altura con aceite vegetal.
3. Mezcle la harina de maíz, el chile ancho en polvo y la sal en un tazón mediano. Bata los huevos en un tazón pequeño.
4. Retire los calamares del suero de uno en uno, y sacuda el exceso. Sumerja los calamares en el huevo, y luego vierta en la mezcla de harina de maíz. Presione firmemente para que esta se adhiera a los calamares.
5. Acomode los calamares en una bandeja y lleve al congelador por 30 minutos para afirmar el aplanado.
6. Saque los calamares del congelador al momento de freír, y, sin dejar que se descongelen, fría por 1 minuto o hasta que los calamares floten en la superficie. Retire del aceite y escurra en papel de cocina. Sazone con sal.

PARA SERVIR:

En un plato hermoso, acomode los calamares, la Salsa ardiente de tomate, los limones amarillos sazonados y el perejil, y disfrute.

REINITAS CON BACALAO

TIEMPO DE PREPARACIÓN:
30 minutos

TIEMPO TOTAL: 1 hora

PORCIONES: 4

Las reinitas con bacalao requieren un poco de preparación, pues hay que empapar el bacalao en agua y enjuagarlo, pero ofrece un plato de confort que es sabroso y satisfactorio. En esta combinación, el bacalao caliente y salado contrasta con la lechuga fresca y crujiente, el aguacate cremoso y la crema picante.

1. Remoje el bacalao durante toda la noche. Cambie el agua cada 30 minutos durante 7 veces al día siguiente.
2. Hierva el bacalao, los granos de pimienta inglesa y las hojas de laurel en una olla mediana con agua suficiente para cubrir los ingredientes. Cocine por 45 minutos a fuego medio-bajo hasta que estén blandos.
3. Enjuague el bacalao en agua fría. Retire la piel y los huesos.
4. Caliente el aceite a fuego medio en una sartén por alrededor de 2 minutos.
5. Agregue el ajo y saltee por 30 segundos. Agregue las cebollas y saltee por 1 minuto. Añada los pimentones y sofría por 2 minutos.
6. Agregue el vino blanco y el pescado a la sartén. Cocine a fuego medio-bajo por alrededor de 15 minutos hasta que el vino se reduzca.
7. Sazone con sal y pimienta al gusto. Espolvoree con perejil. Deje a un lado.

PARA SERVIR:

Caliente las Reinitas de zanahoria en una parrilla caliente por unos segundos, o cubiertas con una toalla húmeda en el microondas por un par de segundos. Sirva las reinitas con bacalao con rebanadas de aguacate por encima. Acompañe con las reinitas tibias, la Crema de ají amarillo y la lechuga picada.

INGREDIENTES:

8 Reinitas de zanahoria tibias (vea la receta de la Pág. 20), para servir a un lado

Reinitas con bacalao (vea la receta a continuación)

Aguacate fresco, en rodajas

Crema de ají amarillo (vea la receta a continuación de la pág. 109), para servir a un lado

Lechuga picada, para servir a un lado

PARA LAS REINITAS CON BACALAO:

1 libra de bacalao salado

6 granos de pimienta inglesa (*allspice*)

2 hojas de laurel

½ taza de aceite de oliva

8 dientes de ajo, picados

1 cebolla grande, cortada en julianas

1 taza de pimentones rojos dulces, cortados en julianas

½ taza de vino blanco

Sal kosher

Pimienta

½ taza de perejil, finamente picado

TIEMPO DE PREPARACIÓN:
30 minutos

TIEMPO TOTAL: 40 minutos

PORCIONES: 4

INGREDIENTES:

8 tortillas de maíz azul (vea la receta de la Pág. 26)

Ensalada de repollo verde (vea la receta de la Pág. 127)

Mero a la parrilla (vea la receta a continuación)

Pico de gallo (vea la receta de la Pág. 67)

Aguacate fresco, en rodajas

Cascos de limón fresco

PARA EL MERO A LA PARRILLA:

1 libra de mero fresco

Sal kosher

Pimienta negra recién molida

TACOS DE PESCADO A LA PARRILLA

Este plato es probablemente uno de los más sencillos del libro. Es también uno de mis favoritos. Estos tacos son livianos y decadentes. Cuando se combinan con ensalada de repollo, aguacate y pico, este mero carnoso y bien sazonado constituye un delicioso relleno para las tortillas de maíz azul.

1. Prepare y caliente una parrilla de carbón o de gas. Sazone generosamente el mero con sal y pimienta por ambos lados.
2. Coloque el mero en la parrilla. Cocine por 4 minutos y dele vuelta; deje asar por otros 4 minutos.
3. Retire el pescado de la parrilla. Desmenuce el mero en trozos del tamaño de un bocado con dos tenedores.

PARA ARMAR:

Caliente las tortillas en la parrilla caliente por unos segundos, o cubiertas con una toalla húmeda por un par de minutos en el microondas. Cubra cada tortilla caliente con Ensalada de repollo verde, Mero a la parrilla, Pico de gallo y rebanadas de aguacate fresco. Sirva con un casco de limón fresco.

MAHI-MAHI SOASADO

Me encanta el mahi-mahi porque es un pescado carnoso y con mucho cuerpo. Permanece intacto cuando se prepara en la parrilla o en la sartén, como en esta receta. Y cuando lo muerdes, es casi como si estuvieras comiendo un filete de carne.

1. Mezcle el jugo de limón amarillo, el aceite de oliva, el ajo, la pimienta roja, el cilantro y la sal en un tazón mediano. Añada los filetes de *mahi-mahi* y marine por 20 minutos en el refrigerador.

2. Caliente el aceite vegetal a fuego medio-alto en una sartén mediana. Coloque el pescado en la sartén cuando esta esté muy caliente, reservando la marinada, y cocine por 2 minutos.

3. Dé vuelta al pescado y agregue el vino blanco, el adobo reservado, el caldo de pescado y las alcaparras. Cocine por 2 minutos más.

4. Agregue la mantequilla y deje que los líquidos se reduzcan, de 4 a 6 minutos adicionales. Retire del fuego y reserve.

PARA ARMAR:

Coloque el *mahi-mahi* en las tortillas de maíz, seguido por el Pico de gallo picante con pepino y tomate. Sirva con un poco de Salsa de molcajete con tomatillos asados.

TIEMPO DE PREPARACIÓN:
25 minutos

TIEMPO TOTAL: 35 minutos

PORCIONES: 4

INGREDIENTES:

Mahi-mahi soasado (vea la receta a continuación)

8 tortillas de maíz (vea la receta de la Pág. 23)

Pico de gallo picante con pepino y tomate (vea la receta de la Pág. 86)

Salsa de molcajete con tomatillos asados (vea la receta de la Pág. 57)

PARA EL *MAHI-MAHI* SOASADO:

1 cucharada de jugo de limón amarillo

3 cucharadas de aceite de oliva

¼ de cucharadita de ajo picado

½ cucharada de pimienta roja en escamas

2 cucharadas de cilantro fresco, finamente picado

1 cucharadita de sal kosher

1 libra de filete de *mahi-mahi*, sin la piel

1 cucharada de aceite vegetal

3 cucharadas de vino blanco

3 cucharadas de caldo de pescado

1 cucharada de alcaparras

½ cucharada de mantequilla sin sal

INGREDIENTES:

Salmón a la parrilla con naranja y eneldo (vea la receta a continuación)

Ensalada de rábano y cebolla (vea la receta a continuación)

Crema de limón y chile (vea la receta de la Pág. 112)

Reinitas de zanahoria (vea la receta de la Pág. 20), servidas en una canasta

PARA LA MANTEQUILLA ADOBADA:

3 cucharadas de mantequilla sin sal

1 cucharadita de ajo, picado

1 cucharadita de ralladura de naranja

1 cucharada de eneldo fresco, picado

PARA EL SALMÓN A LA PARRILLA CON NARANJA Y ENELDO:

1 libra de salmón fresco, con la piel

Sal kosher

Pimienta negra recién molida

PARA LA ENSALADA DE RÁBANO Y CEBOLLA:

¼ de taza de rábanos, cortados en cerillas pequeñas

¼ de taza de cebolla roja, cortada en rodajas delgadas

1 cucharadita de eneldo fresco, picado

3 cucharaditas de aceite de oliva extra virgen

½ cucharadita de chile rojo, cortado en cubos pequeños

½ cucharadita de vinagre de coco

1 pizca de sal kosher

1 pizca de pimienta negra recién molida

SALMÓN A LA PARRILLA CON NARANJA Y ENELDO

Este delicioso salmón, en trozos del tamaño de un bocado, es una sabrosa cobertura para las Reinitas de zanahoria. Combinado con una ensalada de rábano y cebolla, y con un poco de crema refrescante de chile y limón, este combo sirve como un aperitivo ideal o un plato para fiestas.

HAGA LA MANTEQUILLA ADOBADA:

Derrita la mantequilla con ajo a fuego medio-bajo en una cacerola pequeña. Retire la mantequilla del fuego cuando se derrita por completo. Añada la ralladura de naranja y el eneldo.

HAGA EL PESCADO:

1. Prepare y caliente una parrilla de carbón o de gas. Sazone generosamente el salmón con sal y pimienta por ambos lados.
2. Coloque el salmón en la parrilla con la carne hacia abajo. Ase cada lado por 4 minutos. Vierta un poco de mantequilla sobre el salmón con una cuchara pequeña, y cocine por otros 5 minutos.
3. Retire el salmón de la parrilla y vierta la mantequilla de eneldo restante por encima.

HAGA LA ENSALADA DE RÁBANO Y CEBOLLA:

Mezcle los rábanos, la cebolla roja, el eneldo, el aceite de oliva, el chile rojo, el vinagre de coco, la sal y la pimienta en un tazón pequeño.

PARA SERVIR:

Con dos tenedores, desmenuce el salmón en trozos del tamaño de un bocado. Coloque la ensalada de rábano sobre el salmón. Sirva con Crema de limón y chile y una canasta de Reinitas de zanahoria, y arme su propia reinita con salmón.

ENSALADA DE CANGREJO

¿Qué mejor que una cremosa ensalada de cangrejo? Una cremosa ensalada de cangrejo en el interior de una arepa. Esta ensalada estalla con los sabores de cebollas rojas y verdes, pimentón rojo, cilantro, menta y jalapeño.

1. Mezcle la mayonesa, la mostaza Dijon y el jugo de limón en un tazón pequeño.
2. Combine la carne de cangrejo, la cebolla roja, la cebolleta, los pimentones rojos, el cilantro, la menta, el jalapeño y la sal en un tazón grande.
3. Agregue la mezcla de mayonesa y mostaza al tazón del cangrejo y mezcle hasta integrar bien.

PARA ARMAR:

Rellene la arepa con la rúgula y luego con la ensalada de cangrejo. Termine con una capa de Cebollas crujientes.

TIEMPO DE PREPARACIÓN:
25 minutos

TIEMPO TOTAL: 30 minutos

PORCIONES: 6-8

INGREDIENTES:

6-8 Arepas (vea la receta de la Pág. 7)

1 taza de rúgula tipo *baby*

Ensalada de cangrejo (vea la receta a continuación)

Cebollas crujientes (vea la receta de la Pág. 340)

PARA LA ENSALADA DE CANGREJO:

½ taza de mayonesa

1 cucharada de mostaza Dijon

2 cucharadas de jugo de limón

1 libra de carne pulpa de cangrejo

½ taza de cebolla roja, cortada en cubos pequeños

¼ de taza de cebolleta, cortada en cubos pequeños

¼ de taza de pimentón rojo, cortado en cubos pequeños

2 cucharadas de cilantro fresco, finamente picado

1 cucharada de menta fresca, finamente picada

1 cucharada de chile jalapeño, picado

1 cucharadita de sal kosher

TIEMPO DE PREPARACIÓN:
30 minutos

TIEMPO TOTAL: 35 minutos

PORCIONES: 4

JAIBA GLASEADA CON MANGO PICANTE

INGREDIENTES:

4 Tortas de maíz dulce (vea la receta para la Cachapa en la Pág. 296)

Pico de gallo con pimentones cereza (vea la receta de la Pág. 70)

Jaiba glaseada con mango picante (vea la receta a continuación)

PARA LA JAIBA GLASEADA CON MANGO PICANTE:

Aceite vegetal (suficiente para llenar ⅓ de la olla), para freír

2 huevos

1 taza de agua mineral con gas

2 tazas de harina para todo uso

1 cucharada de sal kosher

½ cucharada de pimienta de cayena

2 cucharadas de semillas de ajonjolí negro

2 patas de jaiba, sin el caparazón y cortadas en trozos de 3 pulgadas

¼ de taza de Glaseado de mango picante

PARA EL GLASEADO DE MANGO PICANTE:

½ taza de jugo de mango

1 cucharada de Sriracha

2 cucharadas de mantequilla sin sal

Los trozos crujientes y glaseados de jaiba encuentran un dulce hogar en las cachapas de maíz. Una capa de Pico de pepino picante integra todos los sabores.

HAGA EL GLASEADO DE MANGO PICANTE:

Mezcle el jugo de mango, la Sriracha y la mantequilla en una cacerola pequeña a fuego medio. Deje a un lado.

HAGA LA JAIBA GLASEADA CON MANGO PICANTE:

1. Caliente el aceite vegetal a 350°F en una sartén o freidora grande y profunda.
2. Bata los huevos en un tazón mediano y agregue el agua mineral con gas.
3. Mezcle la harina, la sal, la pimienta de cayena y las semillas de ajonjolí en otro tazón mediano.
4. Sumerja los trozos de jaiba en la mezcla de huevo de uno en uno. Páselos al tazón de la harina sazonada, cúbralos con ella y sacuda el exceso.
5. Sumerja la jaiba con cuidado en el aceite y cocine de 2 a 3 minutos, hasta que esté dorada.
6. Retire del aceite, coloque en papel de cocina para absorber el aceite, y sazone con sal.
7. Vierta el glaseado de mango en un tazón, girando lentamente para cubrir su interior. Revuelva suavemente la jaiba en el tazón para cubrir uniformemente con el glaseado.

ARME EL PLATO:

Coloque el Pico de de gallo con pimentones cereza en las Tortas de maíz, luego cubra con la Jaiba glaseada con mango picante.

VIEIRAS O ESCALOPES BRASEADOS CON CHIPOTLE

La ralladura de limón amarillo es mi arma secreta cuando quiero dar a los escalopes un gran aroma sin sobrecocerlos, como sí puede suceder cuando se usa jugo de limón amarillo. El truco para soasar perfectamente los escalopes es una temperatura alta.

1. Caliente el aceite vegetal a fuego alto en una sartén mediana.
2. Sazone los escalopes con sal y pimienta y vierta en una sartén con la ralladura de limón amarillo. Cocine por 1 minuto de un lado, dele vuelta y cocine de 30 segundos a 1 minuto. Retire los escalopes de la sartén y reserve.

PARA ARMAR:

Agregue la Ensalada de cítricos y zanahoria a cada Telita de zanahoria, y luego la Crema de chipotle. Termine con las Vieiras o escalopes braseados con chipotle.

TIEMPO DE PREPARACIÓN:
30 minutos

TIEMPO TOTAL: 35 minutos

PORCIONES: 6

INGREDIENTES:

6 Telitas crujientes de zanahoria (vea la receta de la Pág. 13).

Ensalada de cítricos y zanahoria (vea la receta de la Pág. 133)

Crema de chipotle (vea la receta de la Pág. 106)

Escalopes braseados con chipotle (vea la receta a continuación)

PARA LAS VIEIRAS O ESCALOPES BRASEADOS CON CHIPOTLE:

1 cucharada de aceite vegetal

6 escalopes grandes, limpios

Sal kosher

Pimienta negra

Ralladura de 1 limón amarillo

CAMARONES *JUMBO* CON COSTRA DE CHILE

INGREDIENTES:

Puré de garbanzo (vea la receta de la Pág. 41)

8 Tostadas (vea la receta de la Pág. 25)

Camarones *jumbo* con costra de chile (vea la receta a continuación)

PARA LOS CAMARONES *JUMBO* CON COSTRA DE CHILE:

2 huevos

1 cucharadita de chile ancho en polvo

1 cucharadita de cilantro en polvo

½ cucharada de sal kosher

2 tazas de migas de pan panko

1 cucharadita de paprika

8 camarones *jumbo*, con la cola, limpios y desvenados

Las capas de sabores de estas tostadas con camarones especiados se arman una sobre otra, desde las migas panko a la salsa para remojar de chile ancho y cilantro, aglutinado con huevo. La recompensa es un bocado complejo y embriagador.

1. Bata los huevos, el chile ancho en polvo, el cilantro y la sal en un tazón mediano.
2. Mezcle las migas de pan panko y la paprika en otro tazón.
3. Sumerja cada camarón jumbo en la mezcla de huevo y sacuda el exceso.
4. Cubra el camarón con migas panko, presionando ligeramente para que se adhieran al camarón. Repita los pasos del huevo y del panko una vez más.
5. Coloque los camarones cubiertos con panko en un plato o bandeja para hornear y refrigere por 30 minutos.
6. Retire del refrigerador y deje reposar por 20 minutos antes de freír.
7. Vierta los camarones con cuidado en la freidora. Cocine por 3 minutos. Retire los camarones con una espumadera, coloque en una rejilla para escurrir y sazone con sal.

PARA ARMAR:

Esparza el Puré de garbanzo en la tostada y luego agregue los Camarones *jumbo* con costra de chile.

TIEMPO DE PREPARACIÓN:
30 minutos

TIEMPO TOTAL: 35 minutos

PORCIONES: 6

INGREDIENTES:

6 Telitas fritas de remolacha (vea la receta de la Pág. 11)

Puré de frijol negro (vea la receta de la Pág. 39)

Ensalada picante de papaya verde (vea la receta de la Pág. 130)

Camarones a la parrilla (vea la receta a continuación)

PARA LOS CAMARONES A LA PARRILLA:

18 camarones grandes, limpios y desvenados

6 pinchos

1 cucharada de aceite de oliva

1 cucharadita de chile de árbol molido

1 cucharadita de cilantro en polvo

1 cucharadita de sal kosher

1 limón amarillo

TELITA DE CAMARONES A LA PARRILLA

Estos camarones preparados simplemente a la parrilla, condimentados de cilantro y chile de árbol, están acunados en crujientes Telitas con remolacha y son colocados sobre una cama de puré de frijol negro. Una celestial ensalada de papaya verde añade crocancia y notas picantes al bocado.

1. Ensarte tres camarones por pincho. Pincele ambos lados del camarón con aceite de oliva.
2. Sazone con chile de árbol, cilantro y sal por los dos lados.
3. Prepare y caliente una parrilla de carbón o de gas. Coloque los pinchos en la parrilla y cocine por 3 minutos de cada lado, dándoles vuelta una vez.
4. Retire los pinchos de la parrilla y exprima un poco de jugo de limón amarillo fresco en cada uno de los camarones.

PARA ARMAR:

Esparza el Puré de frijol negro en cada Telita de remolacha, y luego añada Ensalada picante de papaya verde. Complete las capas agregando tres camarones a cada telita.

CAMARÓN ENOJADO

Este tamal viene acompañado de una salsa, está sazonado con pimentón rojo y es coronado con un salteado de camarones, hierbas aromáticas y especias.

1. Caliente el aceite a fuego medio-alto en una sartén grande. Saltee la cebolla, el ajo y el chile cachucha (o el ají dulce) hasta que la cebolla esté transparente.
2. Añada el jalapeño, los tomates, el chile de árbol, el cilantro en polvo, el jengibre en polvo, la pasta de tomate y el vino blanco.
3. Agregue los camarones, el azúcar, las alcaparras y la sal. Saltee de 3 a 5 minutos.
4. Retire del fuego y mezcle con el perejil y el cilantro.

PARA ARMAR:

Coloque 1 Tamal de pimentón rojo asado en el centro de un plato. Desamarre las hojas de maíz y abra el tamal con cuidado (estará caliente). Vierta el Camarón enojado y su salsa en el centro del tamal. Espolvoree con perejil fresco.

TIEMPO DE PREPARACIÓN:
30 minutos

TIEMPO TOTAL: 35 minutos

PORCIONES: 6

INGREDIENTES:

6 Tamales de pimentón rojo asado (vea la receta de la Pág. 34)

Camarón enojado (vea la receta a continuación)

¼ de taza de perejil fresco, picado

PARA EL CAMARÓN ENOJADO:

2 cucharadas de aceite vegetal

½ taza de cebolla, cortada en cubos pequeños

2 cucharadas de ajo, picado

½ taza de chile cachucha o de ají dulce, en cubos pequeños

¼ de taza de jalapeños rojos, picados

½ taza de tomates frescos, cortados en cubos pequeños

½ cucharada de chile de árbol en polvo

1 cucharadita de cilantro en polvo

½ cucharada de jengibre molido

1½ cucharadas de pasta de tomate

1 taza de vino blanco

1 libra de camarones grandes, limpios y desvenados

1 cucharada de azúcar

2 cucharadas de alcaparras

1½ cucharaditas de sal kosher

1½ cucharadas de perejil fresco, finamente picado

1 cucharada de cilantro fresco, finamente picado

TIEMPO DE PREPARACIÓN:
10 minutos

TIEMPO TOTAL: 15 minutos

PORCIONES: 4-6

INGREDIENTES:

Coctel de camarones y tomate (vea la receta a continuación)

Chips de plátano (vea la receta a continuación)

PARA EL COCTEL DE CAMARONES Y TOMATE:

1 libra de camarones medianos, cocinados y fríos, pelados, sin venas ni cola, cortados en trozos pequeños

½ taza de chalotes, cortados en cubos pequeños

½ taza de apio, cortado en cubos pequeños

1 taza de pepino, cortado en cubos pequeños y sin semillas

1 jalapeño, picado

1 taza de tomate, con el jugo, sin semillas, y cortado en cubos pequeños

½ taza de cilantro fresco, finamente picado

El jugo de 1 limón

1½ tazas de jugo de tomate

½ taza de kétchup

1 cucharada de salsa picante

2 cucharaditas de sal kosher

1 cucharadita de pimienta

1 aguacate, cortado en cubos

PARA LOS CHIPS DE PLÁTANO:

2 plátanos verdes grandes, pelados

Aceite vegetal para freír (llene ⅓ de la sartén)

Sal kosher

NUEVO COCTEL CLÁSICO DE CAMARONES

Este es un aperitivo que revoluciona el paladar. La salsa picante y el jalapeño dan a este coctel de camarones un toque especiado, mientras que los tomates le ofrecen dulzura. Una porción de chips de plátano crujientes y calientes completan el bocado.

1. Vierta los camarones, los chalotes, el apio, el pepino, el chile jalapeño, el tomate, el cilantro, el jugo de limón, el jugo de tomate, el kétchup y la salsa picante en un tazón grande. Mezcle bien para combinar todos los ingredientes.
2. Condimente con sal y pimienta antes de servir. Incorpore los cubitos de aguacate con cuidado.

PARA HACER QUE LOS CHIPS DE PLÁTANO:

1. Corte cada plátano en diagonal con una mandolina o cortador de vegetales, en rodajas de 1/16 de pulgada de grosor.
2. Caliente el aceite a fuego alto y a 350°F en una sartén grande.
3. Agregue los chips de plátano y fría por 5 minutos hasta que estén crujientes y dorados.
4. Retire los chips de plátano con una espumadera y escurra en papel toalla. Sazone de inmediato con sal kosher y sirva caliente.

PARA ARMAR:

Sirva el coctel de camarones y tomate con una porción de chips de plátano.

AREPAS DE CAMOTE CON SALMÓN AHUMADO

TIEMPO DE PREPARACIÓN:
20 minutos

TIEMPO TOTAL: 30 minutos

PORCIONES: 4

Esta es mi elección para un brunch con tacos. Estas arepas dulces son un recipiente digno para las notas saladas y ahumadas del salmón y el caviar, la sustancialidad de los huevos escalfados y la crème fraîche, y la intensidad del limón. Un mundo de sabores en un solo bocado.

HAGA LA CREMA DE ENELDO:

Mezcle la crema de leche (o la crema agria) con el jugo de limón amarillo y el eneldo en un tazón pequeño. Sazone con sal y pimienta negra, y espolvoree con el cebollín. Refrigere hasta el momento de servir.

HAGA LA AREPA DE CAMOTE:

1. Mezcle el camote, el cebollín, la harina, el polvo para hornear, el aceite vegetal, la sal y la pimienta negra en un tazón mediano.
2. Divida la masa en partes iguales y haga tortitas de alrededor de 4 onzas cada una.
3. Cubra el fondo de una sartén grande y antiadherente con aceite vegetal, y caliente a fuego medio-alto.
4. Vierta las arepas en el aceite caliente y fría por alrededor de 4 minutos hasta que estén doradas por debajo. Deles vuelta y cocine por alrededor de 4 minutos más hasta que estén doradas. Repita con las arepas restantes.

PARA ARMAR:

Disponga las arepas en un plato. Cubra con rúgula, agregue unas rodajas de salmón, un huevo, una cucharada de crema de eneldo y caviar.

INGREDIENTES:

1 taza de rúgula *baby*

½ libra de salmón ahumado, cortado en rodajas delgadas

4 huevos escalfados

Crema de eneldo (vea la receta a continuación)

2 onzas de caviar negro

PARA LA CREMA DE ENELDO:

½ taza de crema de leche o de crema agria

1 cucharadita de eneldo picado

1 cucharadita de jugo de limón amarillo

Sal kosher y pimienta negra recién molida, para sazonar

1 cucharada de cebollín, cortado en rodajas delgadas

PARA LA AREPA DE CAMOTE:

2 camotes medianos, pelados, cocinados y en puré

1 cucharada de cebollín, cortado en rodajas delgadas

½ taza de harina de masarepa

1 cucharada de polvo para hornear

1 cucharada de aceite vegetal

2 cucharaditas de sal kosher

¼ de cucharadita de pimienta negra recién molida

Aceite vegetal para freír

TIEMPO DE PREPARACIÓN:
10 minutos

TIEMPO TOTAL: 25 minutos

PORCIONES: 8

TACO DE LANGOSTA A LA PARRILLA

INGREDIENTES:

1 jícama mediana

Langosta de Maine a la parrilla (vea la receta a continuación)

Crema de ají amarillo (vea la receta de la Pág. 109)

Cebollas picantes y encurtidas (vea la receta de la Pág. 99)

PARA LA LANGOSTA DE MAINE A LA PARRILLA:

Cuatro colas de langosta de 6 onzas

4 pinchos de madera o metal

½ taza de Mantequilla compuesta (vea la receta a continuación)

PARA LA MANTEQUILLA COMPUESTA:

1 taza de mantequilla sin sal

½ cucharada de ajo, picado

La ralladura de 1 limón amarillo

1 cucharadita de pimienta roja en hojuelas

2 cucharaditas de hojas de perejil fresco, picado

Este taco es un estudio de contrastes: una mantecosa langosta se combina con cebollas y una crema fuerte de ají amarillo, y se coloca sobre una concha fresca y crujiente de jícama. Utilizar la jícama como una tortilla da a este taco toneladas de textura.

1. Derrita la mantequilla con el ajo a fuego medio-bajo en una cacerola pequeña. Retire del fuego cuando la mantequilla se derrita por completo. Añada la ralladura de limón amarillo, la pimienta roja en hojuelas y el perejil, y deje a un lado.

2. Precaliente una parrilla a fuego medio-alto. Corte el caparazón de la langosta por el medio y a lo largo para dejar la carne al descubierto. Inserte un palillo por debajo de la cola para que la langosta no se enrosque en la parrilla.

3. Coloque cada cola de langosta en una hoja de papel aluminio (lo suficientemente grande como para envolver la cola). Vierta la mantequilla con una cuchara pequeña a través de la incisión encima del caparazón. Cubra la parte superior, inferior y los extremos de la cola con mantequilla y envuelva en papel aluminio.

4. Ase por 15 minutos o hasta que la carne esté opaca. Retire del fuego y deje reposar por 5 minutos. Corte la langosta en rebanadas de media pulgada y vierta la mantequilla restante por encima.

PREPARE LA JÍCAMA:

Tome una jícama mediana y frote bien para eliminar los residuos. Con una mandolina, corte la jícama en rodajas de ⅛ de pulgada de grosor.

ARME EL TACO:

Coloque una rebanada de jícama en un plato y agregue la Langosta de Maine a la parrilla y una cucharada de Crema de ají amarillo por encima. Corone con Cebollas picantes y encurtidas.

GUACAMOLE CON LANGOSTA

Si le gusta el guacamole con trozos, le encantará esta versión gracias a un ingrediente estelar: ¡la langosta de Maine! Este guacamole se puede servir con cualquier receta de reinita de este libro, o simplemente con una porción de chips de tortilla.

1. Vierta el ajo, 1 cucharadita de cebolla, 1 de cilantro y la sal en un molcajete (o mortero). Macere bien.
2. Añada el aguacate, la ½ taza de cebolla restante, el tomate, el chile jalapeño, el jugo de limón, el jugo de limón amarillo y el aceite de oliva extra virgen. Triture todos los ingredientes hasta obtener la consistencia de un guacamole.
3. Agregue los trozos de langosta y el cilantro restante. Sirva en un molcajete o tazón con una porción de Reinitas de cilantro.

TIEMPO DE PREPARACIÓN: 10 minutos

TIEMPO TOTAL: 20 minutos

PORCIONES: 6

INGREDIENTES:

1 cucharadita de ajo, picado

½ taza de cebolla, más 1 cucharadita, cortadas en cubos pequeños

4 cucharadas de cilantro fresco, finamente picado

½ cucharadita de sal kosher

2 aguacates, pelados y en cubos

½ taza de tomates, cortados en dados pequeños

1 cucharada de chile jalapeño, cortado en dados pequeños

1 cucharada de jugo de limón

½ cucharada de jugo de limón amarillo

1 cucharada de aceite de oliva extra virgen

6 colas de Langosta de Maine a la parrilla, de 8 onzas, cortadas en cubos de ½ pulgada (vea la receta del Taco de langosta a la parrilla de la Pág. 238)

8 Reinitas de cilantro (vea la receta de la Pág. 19)

CAPÍTULO 11

CARNES

P repárese para un festival de carnes: es así como veo la colección de platos de carne de res y de cordero dignos de celebración de este capítulo.

Pasaremos de la carne de pecho a la barbacoa y a la carne brasileña en un minuto, y mostraremos las maneras en que podemos aportar sabores sustanciosos a casi cualquier corte de carne. La versatilidad de la carne de res invita a experimentar con fantásticas frotaciones ahumadas, glaseados y chamuscados. También estimula una variedad de técnicas culinarias, desde los braseados a fuego bajo y lento, a los abrasadores métodos de ráfagas de fuego.

¿Los resultados? Rellenos y cubiertas vigorosos y deliciosos para tacos, arepas, tostadas, tamales y cualquier otro tipo de recipiente de masa que se les antoje.

RECETAS

TIEMPO DE PREPARACIÓN:
10 minutos

TIEMPO TOTAL: 20 minutos

PORCIONES: 4

INGREDIENTES:

1 Carne molida (vea la receta a continuación)

8 tortillas crujientes (vea la receta en la Pág. 23; también puede comprarlas)

1½ tazas de lechuga *iceberg*, rallada

1 taza de queso cheddar, rallado

1 Pico de gallo (vea la receta de la Pág. 67)

Salsa de molcajete con chile de árbol (opcional, vea la receta de la Pág. 53).

PARA LA CARNE MOLIDA:

¼ de taza de aceite vegetal

1 taza de cebolla picada

4 dientes de ajo, picados

¼ de taza de chile cachucha (chile dulce), picado

1 libra de carne molida

Mezcla de especias para tacos (vea la receta a continuación)

¾ de taza de caldo de res

MEZCLA DE ESPECIAS PARA TACOS:

½ cucharadita de ajo en polvo

½ cucharadita de cebolla en polvo

1½ cucharadas de chile en polvo

2 cucharaditas de maicena

1 cucharada de comino en polvo

2 cucharaditas de sal kosher

1 cucharadita de paprika

1 cucharadita de cilantro en polvo

½ cucharadita de chile piquín en polvo

EL CLÁSICO TACO DE TORTILLA CRUJIENTE

El secreto de los ingredientes de esta receta de carne molida está en la mezcla de especias para tacos que utilizo para sazonar la carne. El resultado final es un relleno para tacos con notas inesperadas de cilantro y chile piquín.

1. Prepare la Mezcla de especias para tacos en un tazón pequeño combinando el ajo en polvo, la cebolla en polvo, el chile en polvo, la maicena, el comino en polvo, la sal, la paprika, el cilantro y el chile piquín en polvo.

2. Caliente aceite vegetal a fuego medio-alto en una sartén mediana.

3. Agregue la cebolla a la sartén y cocine por 3 minutos hasta que esté transparente. Añada el ajo y cocine por 1 minuto más. Agregue los chiles dulces y cocine por 1 minuto.

4. Añada la carne molida a la sartén, revolviendo constantemente para desintegrar la carne y dorarla de manera uniforme. Cocine por 5 minutos, agregue luego la Mezcla de especias para tacos y revuelva para integrar bien.

5. Cuando la Mezcla de especias esté bien integrada con la carne, añada el caldo de carne de res a la sartén. Cocine por alrededor de 4 minutos hasta que el líquido se reduzca.

6. Precaliente el horno a 375°F. Caliente las tortillas para tacos por alrededor de 5 minutos.

ARME LOS TACOS:

Vierta alrededor de ¼ de taza de la mezcla de carne molida en cada tortilla. Cubra con lechuga rallada, queso y Pico de gallo. Puede servir con un poco de Salsa de molcajete con chile de árbol.

TELITAS DE PILONCILLO CON ASADO NEGRO

El azúcar puro y sin refinar del piloncillo y una sustanciosa bebida de malta dan a la carne de este plato una dulzura profunda atemperada por el ajo, la mostaza ácida y el caldo de carne que se conjugan a través de un braseado de dos horas de cocción. Los sabores de la carne braseada se ven reforzados por las notas de anís de su recipiente: una Telita de anís y piloncillo.

INGREDIENTES:

8 Telitas crujientes de anís y piloncillo (vea la receta de la Pág. 10)

1 Asado negro (vea la receta a continuación)

1 Salsa de guasacaca verde (vea la receta de la Pág. 94).

1 taza de queso fresco, rallado

¼ de taza de cebolla roja, cortada en rodajas delgadas

PARA EL ASADO NEGRO:

2 libras de papelón *(chuck)* o lomo de pierna *(bottom round beef)*

ADOBO:

¼ de taza de cebolla, cortada en cubos

¼ de taza de chile cachucha (chile dulce), cortado en cubos

2 cucharaditas de sal kosher

6 dientes de ajo, picados

¾ de taza de vermut rojo

¾ de taza de bebida de malta

3 cucharadas de salsa inglesa

1 cucharada de mostaza Dijon

1 cucharadita de comino en polvo

1 cucharadita de orégano seco

PARA BRASEAR:

¼ de taza de aceite vegetal

¼ de taza de cebolla, cortada en cubitos

¼ de taza de pimentones rojos, cortados en cubitos

¼ de taza de chile cachucha (chile dulce), cortado en cubos

¼ de taza de puerros, sólo la parte verde, cortado en cubitos

3 cucharadas de piloncillo o panela (azúcar puro, sin refinar), rallado

1 taza de caldo de carne

2 hojas de laurel

1 cucharadita de sal

1 cucharadita de pimienta negra recién molida

1. Mezcle los ingredientes del adobo en un tazón grande.
2. Haga incisiones en la carne con un cuchillo afilado y vierta el adobo. Cubra la carne con el adobo y refrigere por un mínimo de 2½ horas o durante toda la noche.
3. Vierta aceite vegetal en una sartén u olla profunda y refractaria, y caliente a fuego medio-alto.
4. Retire la carne del adobo, y reserve el líquido para su uso posterior. Coloque la carne en la sartén caliente y dore por cada lado por alrededor de 5 minutos.

(receta continúa)

5. Retire la carne de la sartén y deje a un lado. Agregue las cebollas, los pimentones rojos, el chile cachucha, los puerros y el piloncillo a la sartén. Saltee hasta que el piloncillo se empiece a caramelizar, por alrededor de 1 minuto.

6. Regrese la carne a la sartén y cocine por 5 minutos. Cuando la carne se haya caramelizado, añada el adobo restante, el caldo de res y las hojas de laurel. Sazone con sal y pimienta.

7. Hierva los ingredientes, tape, reduzca el fuego y hornee por 2 horas a 325°F.

8. Retire la carne de la sartén cuando esté bien cocinada. Licúe la salsa en una licuadora o con una batidora de inmersión.

9. Vierta de nuevo la salsa en la sartén y cocine a fuego medio-alto.

10. Corte la carne en rodajas delgadas y uniformes en sentido contrario a la fibra.

11. Coloque las rodajas en la salsa, reduzca a fuego medio y deje que la salsa se reduzca a la mitad durante 15 a 20 minutos.

PARA ARMAR:

Cubra una Telita de Asado negro. Vierta la Salsa de guasacaca encima y espolvoree con queso fresco. Decore el plato con unas rodajas de cebolla roja recién cortadas

NACHOS DE CARNE DESMENUZADA

TIEMPO DE PREPARACIÓN:
20 minutos

TIEMPO TOTAL: 1 hora

PORCIONES: 6

Este plato no sólo es compartible, también es adaptable: puede utilizar mucha o poca Carne desmenuzada y Queso fundido con frijoles negros. Reserve lo que no vaya a utilizar y congele para más adelante.

INGREDIENTES:

1 bolsa de chips de tortilla de maíz

1 bolsa de chips de tortilla de maíz azul

1 libra de Carne desmenuzada (vea la receta a continuación)

Frijoles negros con queso fundido (vea la receta de la Pág. 309)

2 tazas de Pico de gallo con pimentones cereza (vea la receta de la Pág. 70)

PARA LA CARNE DESMENUZADA:

2 libras de falda

8 tazas de agua

3 dientes de ajo

½ cebolla mediana

1 zanahoria pequeña, cortada en cubos pequeños

1 tallo de apio, cortado en dados pequeños

2 hojas de laurel

INGREDIENTES DEL SOFRITO:

2 cucharadas de aceite de oliva extra virgen

⅓ de taza de cebolla, picada

4 dientes de ajo, picados

¼ de taza de ají dulce, cortado en cubitos

¼ de taza de pimentón rojo, cortado en cubitos

⅓ de taza de puerros, cortados en cubitos

¼ de cebolleta, cortada en cubitos

½ cucharada de comino en polvo

1 cucharadita de orégano seco

2 cucharadas de pasta de tomate

1 cucharada de salsa inglesa

1 cucharada de alcaparras

PARA COCINAR A FUEGO LENTO Y SAZONAR:

2½ tazas de caldo de carne

2 cucharaditas de sal kosher

1 cucharadita de pimienta negra recién molida

1. Vierta la falda en una olla mediana con agua, ajo, cebolla, zanahoria, apio y hojas de laurel. Hierva y cubra. Reduzca el fuego y cocine por alrededor de 1 hora hasta que la carne esté tierna.

2. Retire la olla del fuego. Cuele y reserve 2½ tazas del caldo. Luego, desmenuce con las manos o con dos tenedores.

3. Caliente aceite a fuego medio-alto en una sartén grande. Saltee la cebolla por 1 minuto, añada el ajo y cocine por otro minuto. Agregue el ají dulce, los pimentones rojos, los puerros y la cebolleta. Cocine de 3 a 4 minutos, hasta que los vegetales estén transparentes.

4. Agregue y combine el comino en polvo, el orégano seco, la pasta de tomate, la salsa inglesa y las alcaparras. Añada la carne desmenuzada y el caldo de carne. Sazone con sal y pimienta.

5. Cocine por alrededor de 10 minutos a fuego medio y sin tapar, revolviendo de vez en cuando, hasta que casi todo el líquido se haya reducido.

6. Precaliente el horno a 350°F. Vierta una mezcla de chips de tortilla en un plato grande y refractario. Vierta la mezcla de carne uniformemente sobre los chips. Cubra luego con el los Frijoles negros con queso fundido.

7. Hornee por 5 minutos, hasta que el queso se derrita y haga burbujas. Retire del horno y espolvoree con el Pico de gallo con pimentones cereza. Sirva de inmediato.

TOSTADA TRADICIONAL DE CARNE MOLIDA

INGREDIENTES:

8 Tostadas de maíz (vea la receta de la Pág. 25)

1 Puré de garbanzo (vea la receta de la Pág. 41)

1 Carne molida (vea la receta para El clásico taco de tortilla crujiente, Pág. 244)

1½ tazas de queso Monterey Jack, rallado

⅓ de taza de Crema de limón (vea la receta de la Pág. 108)

1½ tazas de lechuga picada

¼ de taza de hojas de cilantro fresco

1 botella de salsa picante (opcional)

Me encanta una buena tostada, especialmente una en la que cada capa aporta su propia personalidad en materia de sabor. En esta receta, esas capas incluyen una sustanciosa pasta de garbanzo, un relleno de carne molida bien sazonada y una crema con infusión de limón.

1. Esparza Puré de garbanzo en cada tostada. Vierta la Carne molida sobre el puré. Añada 1 pizca de queso y un chorrito de Crema de limón.
2. Cubra con lechuga, cilantro y salsa picante, si desea. Sirva de inmediato.

AREPA CON CARNE DE PECHO (*BRISKET*) A LA BARBACOA

TIEMPO DE PREPARACIÓN: 20 minutos

TIEMPO TOTAL: 5 horas; 45 minutos a 1 hora en olla a presión

PORCIONES: 4

Cocino este pecho de res a fuego bajo y lento en una salsa casera de barbacoa que es dulce, ahumada y ácida. Después de unas horas en una olla de cocción lenta, se convierte en un relleno sublime para una arepa dulce. Añada una ensalada crujiente para obtener un contraste fresco y crocante.

INGREDIENTES:

4 Arepas (vea la receta de la Pág. 7)

Carne de pecho (*brisket*) a la barbacoa (vea la receta a continuación)

Ensalada de repollo verde (vea la receta de la Pág. 127)

PARA EL PECHO A LA BARBACOA:

1 cucharada de ajo en polvo

1 cucharada de cebolla en polvo

1 cucharada de comino en polvo

1 cucharadita de chile ancho en polvo

2 cucharadas de paprika ahumada

3 cucharadas de azúcar moreno

1 cucharada de sal

1 cucharadita de pimienta negra

2½ libras de pecho

PARA LA SALSA DE BARBACOA:

1 cucharada de aceite de oliva

¼ de taza de cebolla amarilla, finamente picada

4 dientes de ajo, picados

1 taza de salsa de tomate

¼ de taza compacta de azúcar moreno

1 taza de agua

¼ de taza de vinagre de sidra de manzana

3 cucharadas de salsa inglesa

2 chipotles en adobo, finamente picados

1 cucharadita de pimienta negra recién molida

ATAJO: utilice una olla a presión para reducir el tiempo de cocción a la mitad.

1. Mezcle el ajo en polvo, la cebolla en polvo, el comino en polvo, el chile ancho en polvo, la paprika ahumada, el azúcar moreno, la sal y la pimienta en un tazón mediano.
2. Corte el pecho de res en 2 partes iguales, de alrededor de ¼ de pulgada de grosor, en el sentido de la fibra. Coloque la carne en el adobo seco y cubra por todos los lados de manera uniforme.

(receta continúa)

1. Caliente el aceite de oliva a fuego medio-alto en una sartén grande y profunda con tapa, o en una olla de cocción lenta. Agregue la cebolla y el ajo y sofría por 2 minutos.

2. Agregue el resto de los ingredientes de la salsa de barbacoa. Mezcle los ingredientes y cocine a fuego lento de 3 a 4 minutos.

COCINE EL PECHO:

1. Añada el pecho a la salsa de barbacoa y cubra la sartén herméticamente con una tapa o con papel aluminio. Cocine a fuego lento de 4 a 5 horas, dando vuelta a la carne cada 45 minutos o 1 hora. (Si utiliza una olla de cocción lenta, añada la carne a la salsa y cocine a fuego lento por 8 horas, o a fuego alto durante 4. Si utiliza una olla a presión, agregue la carne a la salsa y cocine de 45 minutos a 1 hora).

2. Retire el pecho y coloque en una tabla de cortar limpia. Deje enfriar la salsa un poco y luego vierta en una licuadora. Licúe hasta que esté suave.

3. Regrese la salsa a la sartén y deje hervir. (Si utiliza una batidora de inmersión, mezcle la salsa en la sartén y hierva). Deje que la salsa se reduzca a la mitad por alrededor de 10 minutos.

4. Corte el pecho en rebanadas de ¼ de pulgada de grosor y en sentido contrario a la fibra. Vierta la salsa reducida sobre las rebanadas y deje a un lado.

PARA ARMAR:

1. Abra una arepa aún caliente como un pan de pita con un cuchillo afilado, haciendo un corte en la parte superior y moviendo el cuchillo hacia el centro de la arepa para hacer una bolsa.

2. Rellene las arepas con la carne de pecho a la barbacoa y cubra con Ensalada de repollo verde.

TACOS ESPONJOSOS DE MORCILLA

La morcilla sustanciosa es el ingrediente estrella en estos tacos esponjados. Una capa de Puré de habas les añade sustancia, mientras que los rábanos sandía encurtidos le dan una increíble crocancia y acidez.

PREPARE LA MORCILLA:

1. Caliente aceite vegetal a fuego medio-alto en una sartén mediana. Saltee la morcilla, la cebolla y el jalapeño por 4 minutos.

2. Retire la sartén del fuego. Agregue la cebolla roja y el cilantro. Sazone con sal y pimienta, y deje a un lado.

ARME EL TACO:

Esparza el Puré de habas en 4 Tortillas esponjosas. Cubra con la morcilla preparada. Los toques finales son el cilantro y los Rábanos sandía encurtidos.

TIEMPO DE PREPARACIÓN:
10 minutos

TIEMPO TOTAL: 15 minutos

PORCIONES: 4

INGREDIENTES:

Puré de habas (vea la receta de la Pág. 40)

4 Tortillas esponjosas (vea la receta de la Pág. 29)

Morcilla (vea la receta a continuación)

Rábanos sandía encurtidos (vea la receta de la Pág. 100)

MORCILLA:

¼ de taza de aceite vegetal

2 morcillas, cortadas en rodajas de alrededor de 1 pulgada de grosor

½ taza de cebolla amarilla, cortada en cubitos

1 jalapeño, cortado en rodajas delgadas

¼ de taza de cebolla roja, cortada en cubitos

¼ de taza de cilantro fresco, finamente picado

1 cucharadita de sal kosher

1 cucharadita de pimienta negra recién molida

½ cucharada de cilantro fresco, finamente picado, para decorar

INGREDIENTES:

Telitas crujientes de cilantro (vea la receta de la Pág. 12)

Lomo frotado con café (vea la receta a continuación)

Succotash de frijol negro (vea la receta de la Pág. 306)

Ramitas de cilantro fresco

1 jalapeño, cortado en ruedas delgadas

PARA EL LOMO FROTADO CON CAFÉ:

2 filetes de lomo, con hueso o sin hueso, de 2 pulgadas de grosor cada uno, y de alrededor de 1½ libras.

Aceite vegetal para freír

Sal kosher y pimienta negra recién molida, para sazonar

PARA EL ADOBO DE CAFÉ:

¼ de taza de chile ancho en polvo

¼ de taza de café espresso, finamente molido

2 cucharadas de paprika

2 cucharadas de azúcar moreno

1 cucharada de mostaza en polvo

1 cucharada de sal kosher

1 cucharada de pimienta negra

1 cucharada de cilantro en polvo

1 cucharada de orégano seco

2 cucharaditas de jengibre molido

2 cucharaditas de chile de árbol en polvo

2 cucharadas de aceite vegetal

Sal y pimienta negra, toscamente molida

TACOS DE CARNE FROTADA CON CAFÉ, Y *SUCCOTASH* DE FRIJOL NEGRO

Este es un taco que demuestra que el café no es sólo para el desayuno: es un aderezo fantástico para lograr sabrosos cortes de carne. En esta receta, froto el rib-eye, el filete de costilla que en Venezuela llamamos «lomo de aguja», con una mezcla de café, especias y chile de árbol para obtener un resultado magníficamente soasado.

HAGA EL ADOBO:

Mezcle todos los ingredientes del adobo de café en un tazón.

PREPARE LA CARNE:

1. Precaliente el horno a 425°F. Precaliente una sartén de hierro fundido con aceite vegetal a fuego alto. Sazone un lado de la carne generosamente con sal y pimienta. Dele vuelta y frote por el otro lado. Unte el adobo de café de manera uniforme entre los filetes.

2. Soase la carne en la sartén de hierro fundido a fuego medio-alto, con el lado frotado hacia abajo por alrededor de 2 minutos hasta que esté dorada. Dele vuelta y cocine por 2 minutos más.

3. Coloque la sartén con la carne en el horno y cocine a término medio por alrededor de 5 minutos. Retire y deje reposar por 5 minutos antes de cortar. Deje a un lado.

ARME EL TACO:

Cubra las Telitas crujientes de cilantro con la tajada de lomo, y luego con el *Succotash* de frijol negro. Añada una rama de cilantro y rodajas de jalapeño.

TACOS DE CARNE A LA PARRILLA

TIEMPO DE PREPARACIÓN:
20 minutos

TIEMPO TOTAL: 30 minutos

PORCIONES: 8

Estos tacos son muy fáciles de hacer. Simplemente asegúrese de que la parrilla esté caliente y de que sus filetes estén sazonados con abundante sal y pimienta.

ASE LA CARNE:

1. Prepare una parrilla de carbón o de gas caliente.
2. Sazone generosamente el churrasco por ambos lados con sal y pimienta. Coloque el churrasco en la parrilla caliente y cocine sin mover de 4 a 5 minutos hasta que tenga marcas de la parrilla.
3. Dé vuelta la carne y cocine por 2 a 3 minutos más para término rojo, 4 minutos para término medio y 5 minutos o más para tres cuartos.
4. Retire el churrasco de la parrilla y deje reposar de 2 a 3 minutos antes de cortarlo.
5. Corte la carne en sentido contrario a la fibra, en rodajas de 4 pulgadas de largo y ¼ de grosor. Deje a un lado.

HAGA LAS CEBOLLAS REHOGADAS:

Vierta la mantequilla y las cebollas en una sartén mediana y cocine a fuego medio-alto por alrededor de 2 minutos hasta que las cebollas estén transparentes.

ARME EL TACO:

Cubra cada Telita de frijol negro con rodajas de Churrasco a la parrilla. Coloque las cebollas sobre la carne. Corone con los Crutones de aguacate. Sirva con un casco de Limón amarillo sazonado a un lado.

INGREDIENTES:

8 Telitas de frijol negro (vea la receta de la Pág. 14)

Churrasco a la parrilla (vea la receta a continuación)

Cebollas rehogadas (vea la receta a continuación)

Crutones de aguacate (vea la receta de la Pág. 337)

Limón amarillo sazonado (vea la receta de la Pág. 334)

PARA EL CHURRASCO A LA BRASA:

2 libras de churrasco (falda)

Sal kosher

Pimienta negra recién molida

PARA LAS CEBOLLAS REHOGADAS:

2 cucharadas de mantequilla

2 tazas de cebolla blanca, cortada en rodajas delgadas

TIEMPO DE PREPARACIÓN:
20 minutos

TIEMPO TOTAL: 30 minutos

PORCIONES: 4-6

INGREDIENTES:

8-12 tortillas de harina, calientes

New York strip steak (vea la receta a continuación)

Ensalada de col rizada (vea la receta de la Pág. 123)

Chiles Padrón

Salsa verde cruda (vea la receta de la Pág. 61)

PARA LA CARNE:

2 libras de *NY strip steak*, de 1 pulgada de grosor

Sal kosher

Pimienta negra recién molida

PARA LOS CHILES:

12 chiles Padrón

¼ de taza de aceite de oliva

Sal kosher

Pimienta negra recién molida

TACOS *NEW YORK STRIP STEAK*

Acompañe este corte de carne —que en Venezuela llamamos «solomo de cuerito delgado»— con una porción de chiles Padrón bien condimentados y carbonizados para obtener un resultado sublime. Los chiles Padrón pueden ser muy truculentos: se dice que uno de cada diez es muy picante. Si tiene suerte, ¡encontrará ese chile picante!

1. Prepare y caliente una parrilla de carbón o de gas. Sazone generosamente la carne por ambos lados con sal y pimienta.
2. Coloque la carne en la parrilla caliente y cocine sin mover de 4 a 5 minutos hasta que tenga marcas de la parrilla. Dé vuelta la carne y cocine por 2 a 3 minutos más para término rojo, 4 minutos para término medio y 5 minutos o más para tres cuartos.
3. Retire la carne de la parrilla y deje reposar por un mínimo de 3 minutos. Corte la carne en sentido contrario a la fibra, en rodajas de ¼ de pulgada de grosor.

PREPARE LOS CHILES:

Mezcle los chiles Padrón con aceite de oliva, sal y pimienta. Coloque los chiles sazonados en la parrilla caliente y cocine de 1 a 2 minutos por cada lado, hasta que estén carbonizados por todos los lados. Retire de la parrilla y deje a un lado hasta el momento de servir.

ARME LOS TACOS:

Caliente las tortillas de harina en la parrilla por 20 segundos. Cubra cada tortilla con rodajas de carne, luego con la ensalada y termine con 1 o 2 chiles Padrón. Sirva los tacos con Salsa verde cruda a un lado.

TACOS ESTILO BRASILEÑO

¿Ha estado alguna vez en un restaurante de rodizio brasileño, donde los meseros deambulan con trajes de gaucho alrededor de espetones con carne cocinada a la brasa? Si es así, es posible que sepa que el corte picanha *es un favorito brasileño. Aunque tal vez no pueda encontrar carne etiquetada como* picanha *en su mercado local, puede pedir al carnicero lo que en Venezuela llamamos «punta trasera»* (top sirloin cap) *o «pollo de res»* (tri-tip steak)*, que funcionan bien en esta receta.*

ASE LA CARNE:

1. Prepare una parrilla de carbón o de gas caliente. Sazone generosamente la *picanha* por ambos lados con sal y pimienta.
2. Coloque la *picanha* en la parrilla y cocine de 4 a 5 minutos sin mover. Dele vuelta y cocine por 2 a 3 minutos adicionales para término rojo, 4 minutos para término medio y 5 minutos o más para tres cuartos.

HAGA LA *FAROFA* DE BANANA:

1. Caliente aceite a fuego medio-bajo en una sartén mediana y agregue la cebolla, el ajo y la sal.
2. Agregue la banana y la harina de mandioca. Continúe revolviendo para evitar que la harina se queme.
3. Agregue la mantequilla y cocine a fuego lento por alrededor de 4 minutos. La harina deberá tener un color café claro. Retire del fuego y adorne con cilantro.

ARME EL TACO:

Caliente las Telitas crujientes de frijol negro en una parrilla caliente por 20 segundos. Cubra las telitas calientes con las rebanadas de *picanha*, la *Farofa* de banana y el Pico brasileño.

TIEMPO DE PREPARACIÓN: 10 minutos

TIEMPO TOTAL: 20 minutos

PORCIONES: 6

INGREDIENTES:

12 Telitas crujientes de frijol negro (vea la receta de la Pág. 14)

Picanha (o *top sirloin cap*) (vea la receta a continuación)

Farofa de banana (vea la receta a continuación)

Pico brasileño (vea la receta de la Pág. 69)

Salsa de rocoto (opcional como acompañante, vea la receta de la Pág. 62)

PARA LA *PICANHA*:

2 libras de *picanha* (*top sirloin cap* o *tri-tip*) cortada en filetes de 2 pulgadas

Sal kosher

Pimienta negra fresca

PARA LA *FAROFA* DE BANANA:

2 cucharadas de aceite de oliva

¼ de taza de cebolla, cortada en cubos pequeños

1 cucharadita de ajo, picado

1 cucharadita de sal kosher

1 banana, pelada y cortada en cubos pequeños

1½ tazas de harina de mandioca gruesa

1 cucharada de mantequilla

1 cucharada de cilantro fresco, finamente picado

TIEMPO DE PREPARACIÓN:
10 minutos

TIEMPO TOTAL: 3 horas

PORCIONES: 8

INGREDIENTES:

8 Tamales de maíz dulce (vea la receta de la Pág. 33)

Costillitas con chile piquín (vea la receta a continuación)

Salsa criolla (vea la receta de la Pág. 101)

Crema de queso azul (vea la receta de la Pág. 105)

PARA LAS COSTILLITAS CON CHILE PIQUÍN:

3 cucharadas de chile piquín en polvo

1 cucharada de paprika

1 cucharada de cilantro en polvo

1 cucharadita de ajo en polvo

1 cucharadita de cebolla en polvo

½ cucharada de sal kosher

2 libras de costillitas, sin huesos, cortadas en trozos de 4 onzas.

2 cucharadas de salsa inglesa

2 cucharadas de ajo picado, dividido

1¼ tazas de vino tinto, dividido

2 cucharadas de aceite vegetal

½ taza de pimentones rojos, cortados en cubos pequeños

¼ de taza de cebolla, cortada en cubos pequeños

2 tazas de carne de res o de pollo

¼ de taza de jarabe de arce

2 cucharadas de jarabe de agave

COSTILLITAS CON CHILE PIQUÍN SOBRE TAMAL DE MAÍZ DULCE

El chile piquín es pequeño sólo en tamaño; en sabor, es un gigante. En esta receta potencia las costillitas, que estarán suaves al contacto con el tenedor. Esas costillas braseadas lentamente son una cobertura regia para un tamal de maíz dulce.

1. Mezcle el chile piquín, la paprika, el cilantro, el ajo en polvo, la cebolla en polvo y la sal en un tazón mediano.
2. Cubra todos los lados de las costillas de manera uniforme con la mezcla de especias. Agregue la salsa inglesa, 1 cucharada de ajo picado y ¼ de taza de vino tinto. Cubra y guarde las costillas marinadas en el refrigerador por un mínimo de 2 horas o durante toda la noche.
3. Caliente aceite vegetal a fuego medio-alto en una sartén grande y profunda. Añada las costillas a la sartén y dore bien por todos lados, por alrededor de 5 minutos de cada lado.
4. Añada los pimentones rojos, la cebolla, la cucharada restante de ajo picado, la taza restante de vino tinto, 2 tazas de carne de res o de pollo y el jarabe de arce.
5. Hierva, cubra la sartén y brasee por 2 horas y media.
6. Retire las costillitas de la sartén cuando estén tiernas al contacto de un tenedor. Deje enfriar la salsa ligeramente y luego vierta en una licuadora. Licúe hasta que esté suave.
7. Regrese la salsa a la sartén y deje hervir. (Si utiliza una batidora de inmersión, mezcle la salsa en una sartén y deje hervir).
8. Agregue el jarabe de agave y deje que la salsa se reduzca a la mitad por alrededor de 10 minutos.
9. Vierta los trozos de costillitas en la salsa y retire del fuego.

ARME EL PLATO:

Coloque un tamal en el centro de cada plato. Cubra con las Costillitas con chile piquín, y vierta luego la Salsa criolla. Sirva el plato de tamales con una porción de Crema de queso azul.

TACOS DE LOMITO CON ENSALADA DE QUESO AZUL Y CEBOLLAS CRUJIENTES

Es probable que pueda reconocer algunas notas de restaurante de carnes en esta receta: el lomito (tenderloin) a la parrilla, el queso azul en la «ensalada» crujiente e incluso la cebolla crujiente que remata el plato final. Esta carne se sirve encima de tortillas frescas de maíz para hacer un taco digno de cualquier restaurante de carnes.

1. Prepare y caliente una parrilla de carbón o de gas. Sazone generosamente la carne con sal y pimienta por ambos lados.
2. Coloque la carne en la parrilla caliente y cocine sin mover de 4 a 5 minutos hasta que tenga marcas de la parrilla.
3. Gire la carne y cocine de 2 a 3 minutos adicionales para término rojo, 4 minutos para término medio y 5 minutos o más para tres cuartos.
4. Retire la carne de la parrilla y deje reposar por un mínimo de 3 minutos antes de cortarla.
5. Corte la carne en sentido contrario a la fibra, en rodajas de 4 pulgadas de largo y ¼ de grosor.

ARME EL TACO:

Caliente las tortillas de maíz a la parrilla por 20 segundos. Cubra las tortillas calientes con la Ensalada de queso azul y luego con la carne en rodajas. Corone las capas con Cebollas crujientes. Sirva con Salsa criolla (opcional).

TIEMPO DE PREPARACIÓN: 20 minutos

TIEMPO TOTAL: 30 minutos

PORCIONES: 4

INGREDIENTES:

8 Tortillas de maíz (vea la receta de la Pág. 23)

Ensalada de queso azul (vea la receta de la Pág. 117)

Lomito (vea la receta a continuación)

Cebollas crujientes (vea la receta de la Pág. 340)

Salsa criolla (opcional; vea la receta de la Pág. 101)

PARA EL LOMITO:

2 libras de lomito de res

Sal kosher

Pimienta negra recién molida

CHILES EN NOGADA ESTILO TACO

TIEMPO DE PREPARACIÓN:
20 minutos

TIEMPO TOTAL: 30 minutos

PORCIONES: 4

Este es un plato que saluda a México no sólo en el perfil del sabor, sino también en el color. Tradicionalmente, los chiles en Nogada resplandecen con los colores rojo, verde y blanco de la bandera mexicana. Es un plato famoso, y muy popular en Navidad: chiles asados rellenos con una carne con sabor a fruta y nuez, cubierta con una salsa fresca y cremosa de nueces. Las semillas de granada rociadas dan al plato un magnífico toque rojo. En esta receta, nos alejaremos de la tradición para acercarnos al taco al agregar los ingredientes sobre un sope.

INGREDIENTES:

4 chiles poblanos asados

8 sopes (vea la receta de la Pág. 30)

Semillas de granada

Perejil

Relleno (vea la receta a continuación)

Salsa de nueces (vea la receta a continuación)

PARA EL RELLENO:

2 cucharadas de aceite de oliva

1 cebolla mediana, cortada en cubos pequeños

6 dientes de ajo, picados

¼ de taza de chiles verdes (Anaheim, California o poblanos), cortados en cubos pequeños

1 cucharada de chile jalapeño, cortado en cubos pequeños

1 libra de carne molida

1 taza de tomates, cortados en cubos pequeños

2 cucharadas de cilantro fresco, finamente picado

2 cucharadas de perejil fresco, finamente picado

1 cucharada de menta fresca, finamente picada

1 cucharadita de chile ancho en polvo

1 cucharadita de orégano seco

½ taza de albaricoques secos, cortados en cubos pequeños

2 cucharadas de pasas

½ taza de pera, cortada en cubos pequeños

½ taza de manzana roja, cortada en cubos pequeños

¼ de taza de piñones, tostados

¼ de taza de almendras, cortadas en láminas

¼ de taza de vino tinto dulce

2 cucharaditas de sal kosher

1 cucharadita de pimienta negra

PARA LA SALSA DE NUECES:

1 taza de queso de cabra

1 taza de leche evaporada

½ taza de crema de leche

1 taza de nueces

1 cucharadita de sal

1 cucharadita de pimienta blanca

3 rebanadas de pan blanco, sin la corteza

HAGA EL RELLENO:

1. Caliente el aceite a fuego medio-alto en una sartén grande. Añada la cebolla, el ajo, los chiles verdes y el jalapeño. Cocine por alrededor de 2 minutos hasta que las cebollas estén transparentes.

(receta continúa)

2. Agregue la carne molida a la sartén y revuelva ocasionalmente para dorar la carne de manera uniforme. Añada el tomate, el cilantro, el perejil, la menta, el chile ancho en polvo y el orégano alrededor de 3 minutos después.

3. Agregue los albaricoques, las pasas, la pera, la manzana, los piñones, las almendras, el vino tinto, la sal y la pimienta. Cocine a fuego lento y revuelva ocasionalmente de 5 a 7 minutos, hasta que la carne esté cocinada, la fruta blanda y todos los ingredientes bien fundidos.

HAGA LA SALSA:

1. Vierta el queso de cabra, la leche evaporada, la crema de leche, las nueces, la sal y la pimienta blanca. Licúe los ingredientes hasta que estén completamente suaves.

2. Añada las rodajas de pan de una en una y siga licuando hasta que la salsa esté suave y espesa. Deje a un lado.

MONTE EL PLATO:

1. Corte los chiles poblanos asados en tiras de ¼ de pulgada de grosor.

2. Sirva 1 cucharada grande del relleno de carne en cada sope, y cubra luego con tiras de chiles poblanos.

3. Termine con 1 cucharada grande de salsa de nueces. Decore rociando semillas de granada y perejil picado.

AREPAS CON CARNE DESMENUZADA Y CEBOLLAS AGRIDULCES

Las cebollas dulces y amargas de este plato con arepa ofrecen un contraste picante a la carne desmenuzada. El sabor natural de la arepa absorbe todos los sabores.

1. Abra las arepas aún calientes con un cuchillo afilado, como haría con un pan pita, haciendo un corte en la parte superior y moviendo el cuchillo hacia el centro de la arepa para hacer una bolsa.

2. Rellene la arepa con la carne desmenuzada y termine con las cebollas agridulces.

TIEMPO DE PREPARACIÓN: 25 minutos

TIEMPO TOTAL: 1 hora y 30 minutos

PORCIONES: 4

INGREDIENTES:

4 Arepas (vea la receta de la Pág. 7)

Carne desmenuzada (vea la receta de los Nachos de carne desmenuzada en la Pág. 249)

Cebollas agridulces (vea la receta de la Pág. 102)

TIEMPO DE PREPARACIÓN:
10 minutos

TIEMPO TOTAL: 20 minutos

PORCIONES: 4

INGREDIENTES:

8 Tortillas esponjosas (vea la receta de la Pág. 29)

Pico de aguacate y menta (vea la receta de la Pág. 74)

Cordero con costra de hierbas (vea la receta a continuación)

1 jalapeño rojo en láminas, para adornar

PARA EL CORDERO CON COSTRA DE HIERBAS:

1½ cucharadas de cilantro en polvo

1 cucharada de cilantro fresco, finamente picado

1 cucharada de menta fresca, finamente picada

1 cucharada de perejil fresco, finamente picado

1 cucharadita de hojas de tomillo fresco

1 cucharadita de romero, finamente picado

½ cucharada de ralladura de limón amarillo

½ taza de almendras picadas

1 cucharadita de chile de árbol en polvo

Sal kosher

1 libra de lomito (*tenderloin*) de cordero, cortado en tiras de ½ pulgada por 2

1 cucharada de aceite vegetal, y más para pincelar el cordero

1 cucharada de mostaza Dijon

Pimienta negra recién molida

LOMITO DE CORDERO CON COSTRA DE HIERBAS

Esta es mi versión del combo de sabor de cordero y menta: un Cordero con costra de hierbas, potenciado por el Pico de aguacate y menta. Preste mucha atención a los tiempos de cocción cuando soase el cordero, para no cocinarlo en exceso.

1. Mezcle el cilantro en polvo, el cilantro fresco, la menta, el perejil, el tomillo, el romero, la ralladura de limón amarillo, las almendras, el chile de árbol y 1 cucharadita de sal en un tazón mediano.
2. Pincele las tiras de lomito de cordero con un poco de aceite vegetal. Luego pincele el cordero con mostaza Dijon y revuelva en la mezcla de hierbas de almendras. (Asegúrese de cubrir el cordero de manera uniforme por todos los lados con las hierbas y las almendras). Sazone con sal y pimienta.
3. Caliente 1 cucharada de aceite vegetal a fuego medio-alto en una plancha o una sartén plana.
4. Coloque el cordero en la plancha caliente y dore por 1 minuto y medio. Dele vuelta y cocine por 1 minuto más o hasta que el cordero esté dorado por todos lados. El tiempo total de cocción es de alrededor de 4 minutos.
5. Retire el cordero de la sartén y deje reposar por 5 minutos. Corte luego el cordero en rodajas de ½ pulgada de grosor.

ARME EL TACO:

Vierta el Pico de aguacate y menta en las Tortillas esponjosas, y luego agregue las rebanadas de Cordero con costra de hierbas. Termine con láminas de jalapeños rojos.

SOPE CON CORDERO PICANTE SALTEADO EN WOK

Este cordero marinado en sake es rápido y delicioso cuando se soasa en un wok y luego se saltea con especias picantes. Con una refrescante salsa de cilantro, es una cobertura para sopes de inspiración internacional.

1. Mezcle la clara de huevo, 2 cucharadas de sake, la maicena, el cilantro, la sal y la pimienta en un tazón mediano. Añada el cordero y deje macerar media hora en el refrigerador.
2. Caliente un wok o una sartén grande a fuego alto. Añada 1 cucharada de aceite vegetal y deje que se caliente. Agregue los cubos de cordero y saltee de 1 a 2 minutos hasta que estén soasados y dorados. Coloque el cordero en un tazón y reserve.
3. Caliente la cucharada restante de aceite en la sartén o wok. Cuando el aceite esté caliente, añada las semillas de cilantro, el jalapeño rojo y el chile de árbol, y saltee por 30 segundos.
4. Regrese el cordero a la sartén o wok, añada el comino y ¼ de taza restante de sake. Saltee por otros 2 minutos, luego agregue la cebolla roja y los cebollines. Saltee por 30 segundos, retire del fuego y decore con menta picada.

ARME EL SOPE:

Esparza el Puré de habas en los sopes. Cubra con el Cordero picante salteado en wok. Sirva con un poco de Salsa verde de cilantro.

TIEMPO DE PREPARACIÓN: 30 minutos

TIEMPO TOTAL: 35 minutos

PORCIONES: 4

INGREDIENTES:

Puré de habas (vea la receta de la Pág. 40)

8 sopes (vea la receta de la Pág. 30)

Cordero picante salteado en wok (vea la receta a continuación)

Salsa verde de cilantro (vea la receta de la Pág. 49)

PARA LOS SOPES CON CORDERO PICANTE SALTEADO EN WOK:

1 clara de huevo

2 cucharadas de sake, más ¼ de taza, dividido

3 cucharaditas de maicena

1 cucharadita de cilantro en polvo

1 cucharadita de sal

½ cucharadita de pimienta negra

1 libra de lomito (*tenderloin*) de cordero, cortado en cubos de 1 pulgada

2 cucharadas de aceite vegetal, divididas

1 cucharada de semillas de cilantro

1 cucharada de jalapeño rojo, desvenado, sin semillas y en rodajas delgadas

2 cucharadas de chile de árbol, cortado en rodajas delgadas

½ cucharada de comino

½ taza de cebolla roja, cortada en rodajas

4 cebollines, cortados en diagonal

1 cucharada de menta fresca, finamente picada

TIEMPO DE PREPARACIÓN:
30 minutos

TIEMPO TOTAL: 2 horas

PORCIONES: 6

INGREDIENTES:

6 Tamales de pimentón rojo asado (vea la receta de la Pág. 34)

Osobuco braseado de ternera (vea la receta a continuación)

Crema de ají amarillo (vea la receta de la Pág. 109)

1 ramita de perejil italiano fresco

Salsa criolla (vea la receta de la Pág. 101)

PARA LA PIERNA DE TERNERA BRASEADA:

4 piernas de ternera, con el hueso

Sal kosher, para sazonar

Pimienta negra, para sazonar

Harina, para espolvorear

2 cucharadas de aceite vegetal

½ taza de zanahoria, cortada en cubos pequeños

½ taza de apio, cortado en cubos pequeños

1 taza de cebolla, cortada en cubos pequeños

2 cucharadas de ajo, picado

½ cucharada de jalapeño rojo, picado

1 taza de vino tinto

1 taza de salsa de tomate

1 cucharada de albahaca, finamente picada

1 cucharada de orégano fresco, finamente picado

1 cucharada de azúcar

1 taza de caldo de carne

OSOBUCO DE TERNERA BRASEADO

Esta es mi idea de confort doble: una pierna de ternera braseada lentamente, encima de un tamal y rematada con una cucharada de Crema de ají amarillo. No descarte los huesos después del braseado: sírvalos con tamales para obtener un toque de lujo.

1. Precaliente el horno a 325°F. Sazone las piernas por ambos lados con sal y pimienta. Espolvoree ligeramente cada lado con harina.
2. Caliente 2 cucharadas de aceite vegetal a fuego medio-alto en una sartén profunda para horno. Cocine las piernas por 4 minutos de cada lado y retire de la sartén.
3. Agregue la zanahoria, el apio, la cebolla, el ajo y el jalapeño rojo a la sartén y saltee por 3 minutos.
4. Regrese las piernas a la sartén y añada el vino tinto. Deje reducir un poco el vino, luego agregue la salsa de tomate, la albahaca, el orégano, el azúcar y el caldo de carne; hierva. Tape la olla herméticamente con papel aluminio y lleve al horno por 1 hora y media.
5. Retire las piernas de la sartén y corte en rodajas o en trozos de ½ pulgada. Reserve el hueso de la pierna con el tuétano para servir.

ARME EL TAMAL:

1. Coloque el Tamal de pimentón rojo asado en el centro de un plato y cubra con la ternera. Añada una cucharada de Crema de ají amarillo y decore con una ramita de perejil italiano.
2. Sirva el Tamal con un tuétano al lado y con un poco de Salsa criolla.

CAPÍTULO 12

VEGETARIANOS

H ay tanto sabor en estos «tacos» vegetarianos, que fácilmente pueden asumir el papel central y convertirse en platos fuertes. Usted no habrá explorado completamente el potencial de un aguacate en tanto no haya asado la cáscara y probado el resultado cremoso y ahumado. Y es posible que se sorprenda al descubrir que una buena capa de caprese puede contener más que los acostumbrados sabores del tomate, la mozzarella y la albahaca.

Estos platos vegetarianos se esfuerzan por mostrar uno de los temas centrales de mis *Nuevos tacos clásicos*: construir sabor, capa sobre capa, para obtener un plato verdaderamente exitoso.

RECETAS VEGETARIANAS

TIEMPO DE PREPARACIÓN:
5 minutos

TIEMPO TOTAL: 15 minutos

PORCIONES: 4

TOSTADA CON FRIJOL BLANCO Y ESPINACA

INGREDIENTES:

4 Tostadas (vea la receta de la Pág. 25)

Puré de frijol blanco (vea la receta de la Pág. 42)

2 tazas de espinaca fresca, cortada en rodajas delgadas

1 aguacate, cortado en trozos

Salsa de pimentones picantes (vea la receta de la Pág. 89)

1 taza de queso Cotija rallado

Crema de chipotle (vea la receta de la Pág. 106)

Un puré cremoso de frijoles blancos constituye la base de esta deliciosa tostada. La salsa picante potencia las capas.

1. Esparza el Puré de frijol blanco en cada Tostada. Agregue la primera capa de espinaca, continúe con el aguacate y termine con la Salsa de pimentones picantes.
2. Espolvoree queso Cotija por encima y añada una cucharada de la Crema de chipotle a manera de toque final.

TOSTONES CON PASTA DE AGUACATE Y CHILE POBLANO ASADO

Un tostón queda muy bien con una pasta cremosa y ahumada de aguacate y de chiles poblanos asados.

Mezcle el aceite de oliva, el vinagre, la sal y la pimienta en un tazón hasta integrar bien. Agregue el puré de aguacate, la cebolla, el cilantro, la mayonesa, el chile poblano y el tomate, y luego mezcle hasta que los ingredientes estén bien combinados y formen una pasta. Añada el aguacate cortado en cubitos.

PARA ENSAMBLAR:

Coloque los 6 Tostones en una fuente de servir y vierta la Pasta de aguacate y chile poblano asados encima de cada tostón. Espolvoree cada uno con el queso rallado.

TIEMPO DE PREPARACIÓN:
5 minutos

TIEMPO TOTAL: 15 minutos

PORCIONES: 6

INGREDIENTES:

6 Tostones (vea la receta de la Pág. 317)

2 tazas de Pasta de aguacate y chile poblano asados (vea la receta a continuación)

1 taza de queso fresco o de queso mozzarella, rallado

PARA LA PASTA DE AGUACATE Y CHILE POBLANO ASADOS:

1 cucharada de aceite de oliva extra virgen

½ cucharadita de vinagre blanco

½ cucharadita de sal kosher

¼ de cucharadita de pimienta negra

1 aguacate Hass, partido por la mitad (una mitad en puré y la otra en cubos pequeños)

¼ de taza de cebolla roja, cortada en cubos pequeños

1 cucharada de cilantro, finamente picado

2 cucharadas de mayonesa

1 chile poblano (asado, sin semillas y sin la piel), cortado en cubos pequeños

1 tomate cortado en cubos pequeños

TIEMPO DE PREPARACIÓN:
20 minutos

TIEMPO TOTAL: 25 minutos

PORCIONES: 6

AREPA CAPRESE

Puede referirse a este plato como un romance entre Italia y Venezuela, el maridaje de una ensalada de tomate y mozzarella con una arepa caliente. ¡Es la dicha casada!

INGREDIENTES:

4 Arepas fritas (vea la receta de la Pág. 7)

Aceite vegetal, para freír

1 tomate amarillo, cortado en 6 rodajas

2 tazas de rúgula *baby*

Sal kosher y pimienta al gusto

1 bola grande y fresca de mozzarella de búfala, cortada en 6 rodajas

Crema de albahaca y espinaca (vea la receta de la Pág. 108)

FRÍA LA AREPA:

Caliente aceite vegetal a 350°F en una sartén. Fría cada arepa por 2½ minutos de cada lado o hasta que esté dorada. Retire y escurra en papel de cocina.

ENSAMBLE EL PLATO:

1. Sazone las rodajas de tomate con sal y pimienta.
2. Corte la arepa y rellene con rúgula *baby*, una rodaja de tomate amarillo y una rodaja de mozzarella fresca. Añada un chorrito de Crema de albahaca y espinaca sobre el relleno.

TACOS DE LECHUGA MANTEQUILLA

Lo que hace que estos tacos sean tan especiales son las notas ahumadas que ofrece el aguacate a la plancha. Esas notas ahumadas son amplificadas por un pico adornado con chile poblano.

PREPARE EL AGUACATE A LA PARRILLA:

1. Mezcle el aceite de oliva, el jugo de limón amarillo, el chile de árbol, la sal y la pimienta en un tazón pequeño.
2. Pincele las rebanadas de aguacate con la mezcla de aceite y coloque en una parrilla o sartén muy caliente. Soase las rebanadas de aguacate por todos los lados.
3. Retire el aguacate de la parrilla y sazone con sal. Retire con cuidado la piel del aguacate.

ARME EL TACO:

Cubra cada Tortilla esponjosa con Pico de gallo con maíz y chile poblano, Crema de cilantro y medio aguacate a la parrilla cortado en rodajas.

TIEMPO DE PREPARACIÓN:
10 minutos

TIEMPO TOTAL: 20 minutos

PORCIONES: 4

INGREDIENTES:

4 Tortillas esponjosas (vea la receta de la Pág. 29)

Pico de gallo con maíz y chile poblano (vea la receta de la Pág. 73)

Crema de cilantro (vea la receta de la Pág. 112)

2 aguacates a la parrilla (vea la receta a continuación)

PARA EL AGUACATE A LA PARRILLA:

¼ de taza de aceite de oliva

El jugo de 1 limón amarillo

1 cucharadita de chile de árbol en polvo

Sal kosher y pimienta al gusto

2 aguacates, cortados en rodajas, con la piel

INGREDIENTES:

8 Tostadas (vea la receta de la Pág. 25)

Crema de ajos asados (vea la receta de la Pág. 111)

Remolachas y papas asadas con hierbas (vea la receta a continuación)

¼ de taza de queso de cabra desmenuzado

Pecanas confitadas (vea la receta a continuación)

PARA LAS REMOLACHAS Y PAPAS ASADAS CON HIERBAS:

8 tazas de agua

1½ tazas de remolacha roja, cortada en cubos de ½ pulgada

1½ tazas de remolacha dorada, cortada en cubos de ½ pulgada

1 taza de papas rojas *baby*, hervidas y cortadas a la mitad

¼ de taza de aceite de oliva

¼ de taza de perejil fresco, finamente picado

1 cucharada de tomillo fresco, finamente picado

1 cucharadita de romero fresco, finamente picado

1 cucharadita de sal kosher

1 cucharada de vinagre balsámico añejado

PARA LAS PECANAS CONFITADAS:

¼ de taza de caldo de pollo

1 cucharada de jugo de limón amarillo fresco

3 cucharadas de azúcar

½ taza de nueces pecanas

TOSTADAS CON REMOLACHAS ASADAS Y PAPA

Las remolachas rojas y doradas, junto con las papas, son protagonistas de una cobertura herbácea y asada ideal para unas tostadas crujientes. El dulce final: deliciosas nueces pecanas confitadas.

1. Precaliente el horno a 400°F.
2. Hierva por separado las remolachas rojas y las doradas por 20 minutos y en dos cacerolas, con 4 tazas de agua cada una. Cuele las remolachas y coloque en un tazón mediano.
3. Vierta las papas y el aceite de oliva en el tazón. Agregue el perejil, el tomillo, el romero, la sal y el vinagre balsámico. Revuelva suavemente los ingredientes para cubrir.
4. Coloque las remolachas y las papas en una asadera y hornee por 15 minutos. Retire del horno y sazone con sal.

HACER LAS PECANAS CONFITADAS

1. Vierta el caldo de pollo en una sartén pequeña y cocine a fuego alto. Añada el jugo de limón amarillo, el azúcar, las nueces, y hierva.
2. Cocine de 3 a 4 minutos y revuelva con frecuencia hasta que el líquido se evapore y las nueces estén caramelizadas y pegajosas.
3. Vierta de inmediato las nueces en un plato de cartón forrado con pergamino. Deje enfriar por completo, por alrededor de 20 minutos.

ARME LA TOSTADA:

Esparza la Crema de ajos asados en cada tostada. Cubra con las remolachas, las papas y el queso de cabra desmenuzado. Espolvoree las pecanas por encima.

TACOS CON LECHUGA MANTEQUILLA Y JÍCAMA

TIEMPO DE PREPARACIÓN: 10 minutos

TIEMPO TOTAL: 15 minutos

PORCIONES: 6-8

Estos tacos son frescos en todos los sentidos, desde la envoltura de la lechuga mantequilla a la jícama crujiente y la naranja ácida. Hay tantas capas de sabores en este plato, que desearán comerlo todo el año.

1. Haga la vinagreta batiendo 2 cucharadas de jugo de naranja, el vinagre de coco, el adobo de chipotle, el agave, el jugo de limón amarillo y el aceite de oliva en un tazón pequeño.
2. Añada la jícama y el chayote a la vinagreta. Sazone con sal y pimienta al gusto.
3. Vierta alrededor de ⅓ de taza de la mezcla de jícama y chayote en el centro de cada hoja de lechuga Boston.
4. Divida los trozos de naranja entre los tacos de hojas de lechuga. Espolvoree el queso Cotija y las semillas de granada uniformemente sobre cada taco.

INGREDIENTES:

Vinagreta de naranja y chipotle (vea la receta a continuación)

2 tazas de jícama, rallada

½ taza de chayote, rallado

6 a 8 hojas de lechuga Boston

1 naranja partida, con cada segmento cortado en tercios

¼ de taza de queso Cotija, desmenuzado

¼ de taza de semillas de granada

PARA LA VINAGRETA:

El jugo de 1 naranja

1 cucharada de vinagre de coco

1 cucharada de adobo de chipotle

1 cucharada de jarabe de agave

1 cucharada de jugo de limón amarillo

¼ de taza de aceite de oliva

TIEMPO DE PREPARACIÓN:
10 minutos

TIEMPO TOTAL: 15 minutos

PORCIONES: 6

CACHAPAS CON QUESO GUAYANÉS

El queso guayanés estilo venezolano es un queso blanco, fresco y suave que constituye un delicioso complemento para arepas y cachapas. En esta receta, lo complemento con una sustanciosa Guasacaca de aguacate.

INGREDIENTES:

6 Tortas de maíz dulce (vea la receta a continuación)

1½ tazas de queso guayanés, cortado en trozos

Guasacaca (vea la receta de la Pág. 90)

PARA LAS TORTAS DE MAÍZ DULCE:

1 taza de maíz (granos de maíz dulce y fresco)

½ taza de queso blanco

½ taza de harina de maíz precocida (dulce)

1 cucharada de mantequilla, sin sal

2 cucharadas de leche

1 cucharadita de sal kosher

1 cucharada de azúcar

2 cucharadas de harina para todo uso

1 huevo

HAGA LAS TORTAS DE MAÍZ DULCE:

1. Vierta todos los ingredientes en un procesador de alimentos y procese por alrededor de 30 segundos hasta formar una masa suelta. Deje reposar la masa por pocos minutos.

2. Engrase y precaliente la parrilla superior del horno, o una sartén a fuego medio. Vierta 2 cucharadas de la mezcla de maíz en la sartén caliente y cocine las tortas de maíz por 3 minutos de cada lado. Deje a un lado.

ARME EL PLATO:

Cubra las tortas de maíz con los trozos de queso y rocíe cada una con salsa Guasacaca

ACOMPAÑAMIENTOS

CAPÍTULO 13

ACOMPAÑAMIENTOS

Un taco extraordinario merece un gran plato de acompañamiento. Y no me refiero a una simple cucharada de frijoles refritos. Me refiero a un maíz peruano cremoso y gratinado, a un sabroso *succotash* con tres tipos de frijoles, a un sustancioso queso fundido y a un surtido de delicias crujientes.

En este capítulo, daremos un nuevo nombre y acento latino al Hoppin' John, el tradicional plato sureño. Asaremos un maíz deliciosamente condimentado. Aprenderemos a hacer frituras y crutones de aguacate. Y cubriremos el más dulce de los plátanos con las cebollas encurtidas más fuertes. Además, compartiré la manera genial aunque simple que utilizo para extraer el máximo sabor de un limón.

RECETAS DE ACOMPAÑAMIENTOS

MAZORCA A LA PARRILLA

La mazorca a la parrilla es una prueba de que la comida callejera es una de las mejores del mundo. Para obtener un toque rústico adicional —y por lo conveniente que resulta al momento de asar—, hago un mango con la hoja de maíz mientras aso la mazorca.

1. Prepare y caliente una parrilla de carbón o de gas. Lleve las hojas de la mazorca hacia atrás, pero no las retire. Descarte las hebras del maíz.
2. Amarre una hoja suelta con una cuerda sacada de la hoja, y haga un mango para la mazorca.
3. Bata la mantequilla, la sal, el chile de árbol, el ají amarillo y el jugo de limón amarillo en un tazón mediano. Deje a un lado.
4. Sostenga la mazorca con el mango improvisado, y coloque en la parrilla caliente, volteando la mazorca de vez en cuando para que se cocine uniformemente por todos los lados.
5. Aplique la mezcla de mantequilla a la mazorca cuando aparezcan marcas de la parrilla, y siga untando mantequilla para cubrir todos los lados a medida que gira la mazorca. Retire la mazorca de la parrilla al cabo de 6 a 8 minutos, y aplique una buena cantidad de mantequilla.
6. Coloque la mazorca en un plato. Rocíe Crema de limón y chile por encima. Espolvoree con queso Cotija y 1 pizca de chile de árbol en polvo.

TIEMPO DE PREPARACIÓN:
10 minutos

TIEMPO DE COCCIÓN:
6-8 minutos

TIEMPO TOTAL: 16-18 minutos

PORCIONES: 6

INGREDIENTES:

6 mazorcas de maíz, con las hojas

½ taza de mantequilla sin sal, a temperatura ambiente

2 cucharaditas de sal kosher

1 cucharadita de chile de árbol en polvo, más 1 pizca para cada mazorca (para adornar)

2 cucharaditas de ají amarillo en polvo

1 cucharada de jugo de limón amarillo

¼ de taza de Crema de limón y chile (vea la receta de la Pág. 112)

½ taza de queso Cotija, desmenuzado

ARROZ CON FIDEOS

El secreto de este arroz pilaf *es tostar las hebras de pasta, así como el arroz, en la sartén, antes de añadir el agua. Esto produce un arroz más esponjado, y que no se aglutina.*

1. Tueste la pasta en una sartén u olla grande y profunda hasta que los hilos estén dorados, sin quemar. Retire de la sartén cuando la pasta esté tostada.
2. Añada el aceite de oliva, el ajo y el arroz a la sartén. Rehogue de 5 a 6 minutos.
3. Agregue el agua, la sal y el cabello de ángel tostado, revuelva y tape. Cocine a fuego lento por alrededor de 20 minutos hasta que la pasta esté tierna.
4. Apague el fuego. Esponje el arroz con un tenedor e incorpore las almendras

TIEMPO DE PREPARACIÓN:
5 minutos

TIEMPO DE COCCIÓN:
25–26 minutos

TIEMPO TOTAL: 30–31
minutos

PORCIONES: 4

INGREDIENTES:

½ taza de pasta cabello de ángel

2 cucharadas de aceite de oliva

1 cucharada de pasta de ajo

1 taza de arroz basmati

1 taza de agua

½ cucharada de sal kosher

½ taza de almendras rebanadas

TIEMPO DE PREPARACIÓN:
5 minutos

TIEMPO DE COCCIÓN:
15 minutos

TIEMPO TOTAL: 20 minutos

PORCIONES: 6

INGREDIENTES:

¼ de taza de aceite de oliva

3 cucharadas de mantequilla sin sal

2 dientes de ajo, picados

1 cebolla mediana, cortada en cubos pequeños

1 taza de pimentones *baby* (de colores surtidos), cortados en cubos pequeños

2 tazas de frijoles negros congelados, enjuagados y escurridos

1 taza de frijoles ojinegros congelados, enjuagados y escurridos

1 taza de frijoles lima, enjuagados y escurridos

2 tazas de granos de maíz fresco o congelado

Sal kosher

Pimienta negra recién molida

¼ de taza de vino blanco seco

1 cucharada de cilantro fresco, picado en trozos grandes

1 cucharada de hojas de tomillo fresco

SUCCOTASH DE FRIJOL NEGRO

Tres tipos de frijol dan contraste y color a este succotash. *Las especias, las hierbas aromáticas y los pimentones* baby *lo hacen cantar.*

1. Caliente el aceite y la mantequilla a fuego medio-alto en una sartén grande.
2. Agregue el ajo y la cebolla; cocine por alrededor de 4 minutos hasta que estén transparentes. Añada los pimentones, los frijoles negros, los frijoles ojinegros, los frijoles lima y el maíz. Sazone con sal y pimienta. Cocine por 5 minutos.
3. Agregue el vino blanco. Cocine por alrededor de 5 minutos hasta que los vegetales estén tiernos revolviendo de vez en cuando. Retire del fuego, añada las hierbas y sirva.

FRIJOLES NEGROS CON QUESO FUNDIDO

TIEMPO DE PREPARACIÓN:
5 minutos

TIEMPO DE COCCIÓN:
10 minutos

TIEMPO TOTAL: 15 minutos

PORCIONES: 6

La clave para la presentación de este plato con queso es asegurarse de calentar la fuente, plato o tazón para servir. Esta receta funciona con cualquier tipo de frijoles o quesos para derretir. El cheddar, el mozzarella o el Monterey funcionan muy bien. Me gusta servir los Frijoles negros con queso en una linda sartén de hierro fundido o en una olla de barro que se puede calentar en una estufa, pero cualquier sartén antiadherente también funciona.

1. Caliente en el horno o en la estufa un plato o tazón refractario para servir.

2. Caliente el aceite a fuego medio-alto en una sartén grande. Saltee la cebolla y el ajo por 1 minuto. Añada el jalapeño, los frijoles negros, el comino, el orégano y la sal, y cocine por alrededor de 5 minutos.

3. Vierta los frijoles en un plato de servir caliente. Cubra los frijoles con 3 tazas de queso rallado, asegurándose de cubrir todos los frijoles de manera uniforme, formando una capa de aproximadamente 1 pulgada de grosor.

4. Cubra el plato con papel aluminio y hornee a fuego lento por un mínimo de 20 minutos o hasta que el queso se derrita por completo.

INGREDIENTES:

2 cucharadas de aceite vegetal o de oliva

½ taza de cebolla, cortada en cubos pequeños

1 cucharada de ajo, picado

1 cucharada de chile jalapeño, picado

2 tazas de frijoles negros, cocinados

1 cucharadita de comino

1 cucharadita de orégano seco

1 cucharadita de sal kosher

3 tazas de queso rallado, de mezcla mexicana o de queso cheddar

TIEMPO DE PREPARACIÓN:
10 minutos

TIEMPO DE COCCIÓN:
1 hora

PORCIONES: 6

INGREDIENTES:

½ taza de aceite vegetal

2 tazas de carne seca, cortada en cubitos y remojada durante toda la noche

1 taza de cebolla blanca, cortada en cubos pequeños

½ taza de zanahoria, cortada en cubos pequeños

½ taza de apio, cortado en cubos pequeños

2 cucharadas de ajo picado

1 cucharada de jalapeño rojo, cortado en cubos pequeños

1 cucharada de comino

½ cucharada de paprika

½ cucharada de orégano seco

½ cucharada de jengibre molido

1 cucharadita de romero seco

1 libra de frijoles ojinegros, congelados

5 tazas de agua

1 pierna de cerdo (*ham hock*) ahumada

¼ de taza de cilantro fresco, finamente picado

GUISO DE FRIJOLES OJINEGROS

Este plato se inspira en la feijoada *brasileña clásica, aunque utilizaremos frijoles ojinegros en lugar de los frijoles negros tradicionales. Quise que la receta fuera más ligera, así que eliminé las carnes grasas que se utilizan normalmente en una* feijoada. *Pero no eliminamos el sabor: este guiso está lleno de especias y de las notas ahumadas de la pierna de cerdo y la carne seca.*

1. Caliente el aceite vegetal a fuego medio-alto en una sartén grande y profunda.
2. Agregue la carne seca y cocine por 1 minuto. Añada la cebolla, la zanahoria, el apio, el ajo y el jalapeño rojo. Cocine por 2 minutos.
3. Agregue el comino, la paprika, el orégano seco, el jengibre molido y el romero, y cocine por 2 minutos más.
4. Añada los frijoles ojinegros, el agua y la pierna, y hierva. Reduzca el fuego a medio-bajo, tape y cocine a fuego lento de 45 minutos a 1 hora.
5. Saque la pierna de la sartén y luego retire la sartén del fuego. Adorne los frijoles ojinegros con cilantro.

ARROZ HOPPIN' JOSÉ

TIEMPO DE PREPARACIÓN:
5 minutos

TIEMPO DE COCCIÓN:
15 minutos

TIEMPO TOTAL: 20 minutos

PORCIONES: 4

El Hoppin' John es muy apetecido en el Sur de Estados Unidos, especialmente en la época de Año Nuevo. Representa suerte y prosperidad. Esta es mi versión de este tradicional arroz, en la que utilizo mi receta para el Guiso de frijoles ojinegros y frijoles lima. Esta receta es perfecta para mejorar sus sobras de arroz. Para que quede aún mejor, tueste ligeramente el arroz para formar una costra.

INGREDIENTES:

2 cucharadas de aceite vegetal

½ taza de tocineta, cortada en cubitos

¾ de taza de frijoles lima, descongelados

¾ de taza de Guiso de frijoles ojinegros (vea la receta de la Pág. 310)

2 tazas de arroz blanco cocido

Aceite de oliva, para rociar

2 cucharadas de cilantro fresco, finamente picado

1. Caliente el aceite vegetal a fuego medio-alto en una sartén grande y profunda. Agregue la tocineta y cocine por 3 minutos para que la grasa se derrita.

2. Añada los frijoles lima y el Guiso de frijoles ojinegros. Cocine por 2 minutos y luego agregue el arroz cocido. Cocine el arroz y los frijoles a fuego medio con el arroz tostado por alrededor de 10 minutos.

3. Retire la sartén del fuego y vierta el Hoppin' José en un plato de servir. Rocíe con aceite de oliva y decore con cilantro.

TIEMPO DE PREPARACIÓN:
5 minutos

TIEMPO DE COCCIÓN:
5 minutos

TIEMPO TOTAL: 10 minutos

PORCIONES: 4

INGREDIENTES:

4 plátanos verdes y grandes, con la cáscara

Aceite vegetal para freír

Sal kosher

MARIQUITAS

Estos chips de plátano son una merienda o acompañamiento estelar para tacos y sándwiches. Ni siquiera me molesté en quitar la cáscara; la rebané delgada y la freí en aceite caliente: es deliciosa.

1. Corte los plátanos a lo largo, con una mandolina o máquina para cortar vegetales, en tiras de 1/16 de pulgada de grosor. Conserve la cáscara.

2. Caliente el aceite a 350°F en una sartén grande. (El aceite debe llenar un tercio de la sartén).

3. Agregue las rebanadas de plátano al aceite caliente y fría por 5 minutos hasta que estén crujientes y doradas.

4. Retire las Mariquitas con una espumadera y deje escurrir unos minutos en papel toalla. Sazone generosamente con sal y sirva calientes.

TOSTONES

TIEMPO DE PREPARACIÓN:
5 minutos

TIEMPO DE COCCIÓN:
20 minutos

TIEMPO TOTAL: 25 minutos

PORCIONES: 4

Estos plátanos verdes que se fríen dos veces no sólo son crujientes, sino que son doblemente sabrosos. El secreto: una solución de inmersión de agua con sal, jugo de limón amarillo y ajo. Sumerjo los plátanos en esta agua y los seco ligeramente antes de freírlos por segunda vez.

INGREDIENTES:

2 tazas de agua

2 cucharadas de sal kosher, y más para terminar

El jugo de 1 limón amarillo

3 dientes de ajo, picados

Aceite vegetal para freír

2 plátanos verdes, pelados y cortados por la mitad

1. En un tazón mediano, mezcle el agua, la sal, el jugo de limón amarillo y el ajo por 1 minuto hasta que la sal se disuelva. Deje a un lado.

2. Caliente el aceite a 350°F a fuego alto en una sartén grande. (El aceite debe llenar un tercio de la sartén).

3. Añada las mitades de plátano al aceite y cocine por 3 minutos.

4. Retire el plátano con una espumadera y deje escurrir unos minutos en papel toalla.

5. Sumerja los plátanos en la mezcla de agua, limón amarillo y ajo por 20 segundos. Retire los plátanos y seque con papel toalla.

6. Aplaste los plátanos hasta hacer tostones de ¼ de pulgada de grosor y de 4 a 5 pulgadas de diámetro con una prensa para plátanos o el respaldo de un plato plano.

7. Vierta los plátanos aplastados en el aceite caliente (350°F) y fría de 4 a 5 minutos hasta que estén dorados, dependiendo del grosor del plátano.

8. Retire los Tostones con una espumadera. Deje escurrir en papel toalla. Espolvoree generosamente con sal kosher mientras están calientes.

TIEMPO DE PREPARACIÓN:
5 minutos

TIEMPO DE COCCIÓN:
25 minutos

TIEMPO TOTAL: 30 minutos

PORCIONES: 4

INGREDIENTES:

2 cucharadas de aceite de oliva

1 cucharada de ajos picados o en pasta

1 taza de arroz integral

½ cucharada de sal kosher

2½ tazas de agua

⅓ de taza de tocineta crujiente, con la grasa extraída y cortada en cubos (también puede utilizar jamón)

⅓ de taza de cebolla, cortada en cubos pequeños

⅓ de taza de puerros, cortados en cubos pequeños

⅓ de taza de apio, cortado en cubos pequeños

⅓ de taza de cilantro, finamente picado

⅓ de taza de perejil, finamente picado

⅔ de taza de pimentones dulces, en cubos pequeños (1 de cada color: rojo, naranja y amarillo)

1 cucharada de pasas

⅓ de taza de granos de maíz dulce

⅓ de taza de almendras en rodajas

Pimienta negra recién molida, al gusto

Sal, al gusto

POPURRÍ DE VEGETALES Y ARROZ

Agregar hierbas aromáticas, tocineta crujiente, maíz, pimentones y pasas después de cocinar este arroz da al plato terminado el aspecto y la textura de un verdadero popurrí.

1. Vierta el aceite de oliva, el ajo, el arroz y la sal en una olla a fuego medio-alto. Rehogue el arroz por 5 minutos. Añada el agua y deje hervir. Tape y reduzca a fuego bajo cuando hierva. Cocine por 20 minutos hasta que los ingredientes estén tiernos.

2. Esponje el arroz con un tenedor. Añada el resto de los ingredientes y rectifique la sal y la pimienta al gusto. Revuelva bien para incorporar los ingredientes.

ENSALADA DE AGUACATE A LA PARRILLA

Al asar frutas o vegetales de carne suave, como el aguacate o los duraznos, siempre es una buena idea no retirar la piel, pues ayuda a mantener la carne intacta. Para esta ensalada, he querido dar un sabor ahumado al aguacate, a los palmitos y al maíz carbonizándolos primero. Puede utilizar una plancha para asarlos, y una de hierro fundido es aún mejor.

1. Mezcle el aceite de oliva, el jugo de limón amarillo, la sal, la pimienta y el chile de árbol en un tazón pequeño.

2. Combine el aceite y la mantequilla, aplique en la mazorca, el aguacate y el palmito, y coloque en una parrilla o sartén muy caliente. Deles vuelta, rociando con la mezcla de vez en cuando para lograr un chamuscado agradable y oscuro. Retire de la parrilla y sazone con sal.

3. Prepare los vegetales: mezcle el repollo Napa y la espinaca con 1 cucharada de Vinagreta de chipotle. Corte los palmitos en cubitos de ½ pulgada. Retire la cáscara del aguacate. Retire los granos de la mazorca con un cuchillo.

4. Acomode en un plato, vertiendo la mezcla de repollo y espinaca en el centro. Cubra con palmitos, aguacate y granos de maíz.

5. Exprima medio limón amarillo en la ensalada. Adorne con la cebolla roja y las rodajas de rábano. Rocíe la cucharada restante de Vinagreta de chipotle en la ensalada, y sirva.

TIEMPO DE PREPARACIÓN:
10 minutos

TIEMPO DE COCCIÓN:
20 minutos

TIEMPO TOTAL: 30 minutos

PORCIONES: 4

INGREDIENTES:

¼ de taza de aceite de oliva, más 3 cucharadas para aplicar

1 limón amarillo exprimido y ½ limón amarillo para el acabado

Sal kosher

Pimienta negra recién molida

1 cucharadita de chile de árbol en polvo

¼ de taza de mantequilla derretida, para aplicar

1 mazorca

1 aguacate, cortado en rebanadas de ½ pulgada, con la cáscara

4 palmitos, partidos a lo largo

1 taza de repollo Napa, cortado en rodajas delgadas

1 taza de espinaca, cortada en rodajas delgadas

2 cucharadas de Vinagreta de naranja y chipotle, divididas (vea la receta de la Pág. 295, en el capítulo «Vegetarianos»)

1 cebolla roja, cortada en rodajas delgadas

1 rábano, cortado en rodajas delgadas

TIEMPO DE PREPARACIÓN:
1 hora

TIEMPO DE COCCIÓN:
5 minutos

TIEMPO TOTAL: 1 hora, 5 minutos

PORCIONES: 4

INGREDIENTES:

¾ de taza de cebolla roja, cortada en rodajas

¼ de taza de vinagre de vino tinto

1 cucharada de jarabe de agave

2 cucharadas de aceite de oliva

1 cucharada de cilantro fresco, finamente picado

Sal kosher

Pimienta negra

2 plátanos maduros (la cáscara debería ser negra)

Aceite vegetal (a ½ pulgada de altura en la sartén)

PLÁTANOS DULCES CON CEBOLLAS ENCURTIDAS

Los plátanos dulces son un elemento básico y versátil en América Latina y el Caribe. Se pueden hornear, cocinar al vapor, hervir o freír. Me encanta asar o hacer al vapor los plátanos dulces, y cubrirlos con notas contrastantes de sabor. Algo tan simple como una cebolla encurtida puede elevar realmente este plato sencillo.

1. Mezcle la cebolla, el vinagre, el agave, el aceite de oliva y el cilantro, y sazone con sal y pimienta en un tazón pequeño. Deje reposar por 1 hora a temperatura ambiente.
2. Pele los plátanos y parta por la mitad. Luego corte cada pedazo en cuatro y a lo largo.
3. Caliente una sartén con ½ pulgada de aceite vegetal a fuego medio-alto. Coloque los plátanos en pequeñas cantidades en el aceite caliente, y fría de 1½ a 2 minutos por cada lado, hasta que estén dorados.
4. Retire los plátanos del aceite y escurra en papel toalla. Sazone de inmediato con sal y pimienta.
5. Haga una torre con las tiras de plátano, 3 por cada hilera. Corone con cebollas encurtidas y sirva.

MAÍZ PERUANO GRATINADO

TIEMPO DE PREPARACIÓN:
10 minutos

TIEMPO DE COCCIÓN:
30 minutos

TIEMPO TOTAL: 40 minutos

PORCIONES: 4

El maíz peruano es uno de mis ingredientes favoritos: me encanta. Tenía que incluirlo en este libro ya que el maíz es el ingrediente más común en estas páginas. El tamaño del grano y su textura funcionan muy bien en un gratinado cremoso, rematado con una deliciosa corteza dorada. Si no encuentra maíz peruano, utilice granos frescos de maíz blanco para esta receta.

1. Mezcle el queso parmesano-reggiano y el panko en un tazón pequeño y deje a un lado.
2. Precaliente el horno a 350°F. Caliente el aceite a fuego medio en una sartén refractaria. Añada los chalotes y el ajo al aceite caliente y saltee por 1 minuto.
3. Agregue el maíz peruano y la sal. Cocine por 4 minutos y luego agregue el vino blanco.
4. Reduzca a fuego bajo y añada el queso mascarpone y la crema de leche. Vierta la espinaca, la pimienta blanca, la ralladura de limón amarillo, el jugo de limón amarillo y los palmitos. Revuelva y cocine por 2 minutos a fuego lento.
5. Retire la sartén del fuego y espolvoree con la mezcla de queso y panko. Coloque la sartén en el horno y hornee por 20 minutos, hasta que el queso esté dorado.

INGREDIENTES:

1 taza de queso parmesano-reggiano

¼ de taza de migas de panko

2 cucharadas de aceite de oliva

½ taza de chalotes, picados

1 cucharadita de ajo, picado

4 tazas de maíz peruano (o de maíz blanco)

1½ cucharaditas de sal kosher

⅓ de taza de vino blanco

½ taza de queso mascarpone

½ taza de crema de leche

1 taza (compacta) de espinaca fresca, picada

1 cucharadita de pimienta blanca

La ralladura de 1 limón amarillo

1 cucharadita de jugo de limón amarillo

1 taza de palmitos, cortados en rodajas de ½ pulgada

TIEMPO DE PREPARACIÓN:
5 minutos

TIEMPO DE COCCIÓN:
5 minutos

TIEMPO TOTAL: 10 minutos

PORCIONES: 4

INGREDIENTES:

1 bolsa de sus chips de tortilla favoritos

Salsa verde cruda (vea la receta a continuación)

SALSA EN EL MOLCAJETE: SALSA VERDE CRUDA

2 tomatillos

½ jalapeño verde

2 cucharaditas de sal kosher

3 ramitas de cilantro, y hojas picadas de cilantro para adornar

1 cucharada de chalotes picados, para adornar

CHIPS Y SALSA

El molcajete (mortero) es la herramienta mágica que convierte un par de tomatillos y medio jalapeño en una salsa deliciosa que lleva a otro nivel los rutinarios chips con salsa. Puede utilizar una licuadora, pero para extraer el máximo sabor de estos pocos ingredientes, macere con una mano de mortero.

ANTES DE COMENZAR:

1. Hierva los tomatillos en agua por 5 minutos. Deje enfriar y reserve el agua.
2. Hierva el jalapeño en agua por 5 minutos. Deje enfriar. Descarte las semillas y reserve el agua.

PREPARACIÓN EN EL MOLCAJETE:

1. Vierta los tomatillos, el jalapeño y la sal en un molcajete (mortero).
2. Utilice la mano del mortero para macerar los ingredientes en una salsa. Agregue el cilantro y mezcle bien.
3. Adorne con chalotes y cilantro picado. Sirva la salsa a un lado de los chips.

PREPARACIÓN CON LA LICUADORA:

Vierta los tomatillos, el jalapeño y la sal en una licuadora y licúe a velocidad media hasta que los ingredientes estén bien mezclados. Agregue el cilantro y licúe por 10 segundos más. Adorne con chalotes y cilantro picado. Sirva la salsa a un lado de los chips.

ARROZ CON HIERBAS

Con una infusión de muchas hierbas frescas y aromáticas, y coronado con un huevo frito y sustanciales crutones de queso, este arroz se sale casi de la categoría de acompañamiento. Es tan fragante como delicioso. Es una receta inspirada en una realidad que todos compartimos de vez en cuando: ¿qué hacemos para la cena cuando el refrigerador y la despensa ofrecen pocas opciones y no tenemos ganas de salir? El arroz y los huevos se convierten a menudo en nuestra salvación. Esta es mi versión de arroz y huevo casero. Es muy sencilla y deliciosa.

HAGA LOS CRUTONES:

Coloque los cubos de queso en una sartén mediana y antiadherente y soase a fuego medio por alrededor de 30 segundos de cada lado hasta que estén completamente dorados. Deje a un lado.

HAGA EL ARROZ:

1. Caliente aceite de oliva a fuego medio-alto en una sartén grande. Saltee el ajo por 30 segundos. Añada los cebollines y el arroz y cocine por 5 minutos.

2. Agregue las hierbas, la sal, la pimienta y la mantequilla. Revuelva y cocine por 1 minuto más.

3. Vierta el arroz en un plato de servir, coloque el huevo con la yema hacia arriba y los crutones de queso.

TIEMPO DE PREPARACIÓN:
5 minutos

TIEMPO DE COCCIÓN:
6 minutos

TIEMPO TOTAL: 11 minutos

PORCIONES: 4

INGREDIENTES:

Crutones de queso (vea la receta a continuación)

2 cucharadas de aceite de oliva

3 dientes de ajo, picados

¼ de taza de cebollines, cortados en rodajas delgadas

2 tazas de arroz cocinado

½ taza de cilantro fresco, finamente picado

½ taza de perejil fresco, finamente picado

½ cucharadita de romero fresco, finamente picado

1 cucharadita de tomillo, finamente picado

Sal kosher

Pimienta negra recién molida

1 cucharada de mantequilla

1 huevo frito, con la yema hacia arriba

PARA LOS CRUTONES DE QUESO:

Un paquete de queso para freír de 10 onzas, cortado en cubos de ½ pulgada

TIEMPO DE PREPARACIÓN:
5 minutos

TIEMPO DE COCCIÓN:
45 minutos

TIEMPO TOTAL: 50 minutos

PORCIONES: 6

INGREDIENTES:

2 libras de camote o batata *baby*, cortados por la mitad

¼ de taza de aceite de oliva extra virgen

½ cucharada de chile en polvo

3 cucharadas de jugo de limón

3 cucharadas de jarabe de agave

1 cucharadita de sal kosher

1 cucharadita de pimienta negra

CAMOTE O BATATA ASADO CON CHILE, LIMÓN Y AGAVE

El chile en polvo da a este camote o batata asado un agradable toque picante, mientras que el jarabe de agave le da una nota dulce.

1. Precaliente el horno a 400°F.
2. Mezcle el camote o batata con el resto de los ingredientes en un tazón grande.
3. Esparza la mezcla de camote en una bandeja para hornear con bordes. Hornee hasta que los camotes estén suaves y dorados. Rectifique la sal y la pimienta a su gusto. Sirva caliente.

COLIFLOR A LA PARRILLA CON SALSA DE HIERBAS

TIEMPO DE PREPARACIÓN:
10 minutos

TIEMPO DE COCCIÓN:
8 minutos

TIEMPO TOTAL: 18 minutos

PORCIONES: 4

En esta receta, los ramilletes carnosos de coliflor se asan hasta que están dorados y luego se sumergen en una salsa aromática de menta, tomillo, cilantro y perejil picados para un resultado simplemente hermoso.

1. Precaliente la parrilla a fuego alto. Mezcle los ramilletes de coliflor con aceite de oliva, sal, pimienta recién molida y la mitad del jugo de limón amarillo en un tazón.
2. Ase los ramilletes sazonados por alrededor de 4 minutos de cada lado, hasta que estén dorados.
3. Haga la salsa de hierbas: agregue la otra mitad del jugo de limón amarillo (alrededor de 1 cucharadita), el aceite de oliva, la ralladura de limón amarillo, las hierbas picadas, la sal y la pimienta al tazón de la coliflor. Revuelva hasta mezclar bien.
4. Coloque los ramilletes en la parrilla y mezcle hasta que estén bien cubiertos con la salsa de hierbas. Sirva de inmediato.

INGREDIENTES:

1 cabeza de coliflor, cortada en ramilletes (alrededor de 20)

2 cucharadas de aceite de oliva extra virgen

1 cucharadita de sal kosher

½ cucharadita de pimienta negra recién molida

El jugo de 1 limón amarillo, dividido

SALSA DE HIERBAS:

¼ de taza de aceite de oliva extra virgen

La ralladura de 1 limón amarillo

1 cucharadita de menta fresca, finamente picada

¼ de cucharadita de tomillo, finamente picado

1 cucharada de cilantro, finamente picado

1 cucharada de perejil, finamente picado

1 pizca de sal kosher y de pimienta

LIMONES SAZONADOS

2 limones amarillos, partidos por la mitad

2 limones, partidos por la mitad

2 limones Meyer, partidos por la mitad

1 cucharada de sal kosher

1 cucharada de chile ancho, piquín, paprika o de chile en polvo

Lo genial de estos limones sazonados con chiles es que, cuando se exprimen, transmiten los sabores del chile y la sal. Exprima sobre unas rebanadas de aguacate y pruebe personalmente la manera en que el jugo potenciado con el chile impregna de sabor el aguacate.

1. Mezcle la sal y el chile ancho en polvo (o de otro tipo) en un tazón pequeño y revuelva hasta integrar bien.
2. Sumerja las mitades de limón en la sal sazonada. Ya están listos para ser exprimidos en su plato favorito.

TIEMPO DE PREPARACIÓN:
5 minutos

TIEMPO DE COCCIÓN:
5 minutos

TIEMPO TOTAL: 10 minutos

PORCIONES: 4

INGREDIENTES:

1 cucharada de chile piquín

½ cucharada de sal

1 taza de queso blanco y duro para freír, cortado en cubos de 1 pulgada

1 taza de harina de arroz

Aceite vegetal, para freír

CRUTONES DE QUESO

Estos crutones crujientes y sustanciosos de pan añaden una cobertura salada a sus platos de tacos. Rocíe con limones sazonados y obtendrá bocados que son a la vez picantes e intensos.

1. Revuelva los cubos de queso en la harina de arroz, y agite para eliminar el exceso.
2. Fría los cubos a 350°F por 5 minutos. Retire del aceite y escurra en papel de cocina. Sazone de inmediato con chile piquín y sal.

CRUTONES DE AGUACATE

Los cubos de aguacate pueden convertirse en «crutones» deliciosos: crujientes por fuera y francamente exuberantes por dentro.

1. Caliente el aceite a fuego medio-alto en una sartén.
2. Revuelva los cubitos de aguacate en la harina de arroz para empanarlos, luego en los huevos y por último en las migas de panko.
3. Fría los cubos en aceite hasta dorar por todos los lados.
4. Retire del aceite, escurra en papel toalla y sazone con chile ancho en polvo y sal. Exprima jugo de limón en los cubos al momento de servir.

TIEMPO DE PREPARACIÓN:
5 minutos

TIEMPO DE COCCIÓN:
5 minutos

TIEMPO TOTAL: 10 minutos

PORCIONES: 4

INGREDIENTES:

Aceite vegetal para freír

1 aguacate, pelado y cortado en cubos de 1 pulgada

2 tazas de harina de arroz

2 huevos batidos

2 tazas de migas de pan panko

1 cucharada de chile ancho en polvo

Sal kosher

1 limón

FRITURAS DE AGUACATE

TIEMPO DE PREPARACIÓN:
10 minutos

TIEMPO DE COCCIÓN:
5 minutos

TIEMPO TOTAL: 15 minutos

PORCIONES: 4

Estas frituras picantes son un sustituto perfecto para las papas fritas tradicionales. El aguacate conserva muy bien su consistencia cuando se fríe. El resultado es un gran contraste de textura cremosa y crujiente. Se acompaña bien con una variedad de salsas, como la Crema de cilantro.

INGREDIENTES:

1 aguacate, pelado y cortado en trozos de 1 pulgada

1 taza de harina de arroz

Aceite vegetal, para freír

1 cucharada de chile piquín, y más para el *dip* de sal

½ cucharada de sal kosher, y más para el *dip* de sal

2 limones, partidos por la mitad

Crema de cilantro (vea la receta de la Pág. 112)

PARA EL *DIP* DE SAL:

1. Mezcle el chile piquín y la sal.
2. Revuelva los trozos de aguacate en harina de arroz y sacuda suavemente para eliminar el exceso.
3. Fría el aguacate por 5 minutos en aceite vegetal (a 350°F).
4. Retire del aceite, escurra en papel toalla y sazone con chile piquín y sal.
5. Remoje las mitades de limón en la mezcla de chile piquín y sal. Exprima el limón en las Frituras de aguacate al momento de comer. Sirva con una guarnición de Crema de cilantro.

TIEMPO DE PREPARACIÓN:
15 minutos

TIEMPO DE COCCIÓN:
3-4 minutos

TIEMPO TOTAL: 20 minutos

PORCIONES: 8

INGREDIENTES:

2 cebollas grandes amarillas, cortadas en rodajas delgadas

2 tazas de suero de leche

4 tazas de harina para todo uso

1 cucharada de paprika

1 cucharada de pimienta de cayena

1 cucharada de cebolla en polvo

1 cucharada de sal kosher, y más para terminar

1 cucharada de pimienta negra

Aceite vegetal para freír

CEBOLLAS CRUJIENTES

Estas cebollas en rodajas se marinan en suero de leche antes de espolvorearse con harina sazonada y freírse hasta quedar crujientes.

1. Vierta las cebollas en el suero de leche en un tazón mediano y deje reposar por 1 hora.
2. Mezcle la harina, la paprika, la pimienta, la cebolla en polvo, la sal y la pimienta en otro tazón.
3. Retire las cebollas del suero y escurra, y luego revuelva con la harina sazonada para cubrir de manera uniforme. Sacuda el exceso de harina.
4. Caliente el aceite a 350°F en una sartén o freidora grande y profunda. Vierta las cebollas con cuidado en el aceite, en pequeñas tandas, y separe con una espumadera. Fría de 3 a 4 minutos, hasta que estén doradas, y saque con la espumadera.
5. Coloque las cebollas crujientes en papel toalla para absorber el exceso de aceite. Sazone de inmediato con sal.

TIEMPO DE PREPARACIÓN:
15 minutos

TIEMPO DE COCCIÓN:
3–4 minutos

TIEMPO TOTAL: 20 minutos

PORCIONES: 8

INGREDIENTES:

Aceite vegetal, para freír

4 chalotes grandes, cortados en rodajas delgadas

Sal kosher

CHALOTES CRUJIENTES

Pungentes y crujientes, estos chalotes son una cobertura excelente para sus tacos favoritos.

1. Caliente el aceite a 275°F en una sartén o freidora grande y profunda.
2. Vierta los chalotes con cuidado en el aceite caliente y separe con una espumadera. Fría de 3 a 4 minutos hasta que estén dorados.
3. Retire los chalotes del aceite con una espumadera y escurra en papel toalla. Sazone de inmediato con sal.

Siempre digo que tengo el mejor trabajo del mundo porque hago lo que me apasiona, lo que amo profundamente, es decir: cocinar, hablar, enseñar y vivir alrededor de la comida cada hora, todos los días de la semana. No podría hacer lo que hago sin la ayuda y el apoyo de la gente que me rodea. En primer lugar, y sobre todo, agradezco a Dios por todas las bendiciones que me ha dado a lo largo de la vida. A mi mamá, Blanca, por su apoyo a cada paso de este proceso y a quien debo todo: gracias por proveerme de los fundamentos de amor y valores que conforman el pegamento que mantiene todo en su lugar.

A mis amigos y familiares: gracias por estar a mi lado y por entender que el amor incondicional sí existe.

A mi absolutamente maravilloso equipo: Randy Jackson y Harriet Sternberg, mis mánagers, quienes son una bendición absoluta en mi día a día y quienes siempre cuidan con esmero de mis intereses más importantes; y a Natalie Pérez, quien me mantiene organizada y comparte mi visión y metas. Quiero también agradecer a mis agentes en William Morris Endeavor Entertainment: Sean Perry, Eric Rovner, Amir Shahkhalili, Miles Gidaly y a todos aquellos que trabajan sin descanso para ayudarme a alcanzar una audiencia cada vez más amplia. Y un gran «gracias» a mi *staff*, Fabián Ospina y Gaudelia Escalona, quienes trabajaron intensamente en este libro y me ayudaron a hacerlo realidad.

A mis queridos amigos Joy Mangano y Christie Miranne: gracias por su sabiduría y por darme la oportunidad de compartir con el mundo lo que hago, y por sus sabios consejos. Gracias a Art Smith por su amor fraterno incondicional y por mostrarme lo mejor de la cocina sureña. A Jaime Martín Del Campo y a Ramiro Arvizu, por su amistad, apoyo y conocimiento incomparable de la cocina mexicana.

A mis mejores amigos, Juan Carlos Ruiz y Flavio Datorre: gracias por estar cerca de mí durante todos estos años y por ser los mejores catadores de recetas. A mi queridísima Natalia Datorre:

gracias por tu amor y apoyo incondicionales y por ayudarme a hacer de mis sueños y de este libro especial una realidad.

Trabajé con mucha gente para dar vida a este libro. Raymond García, mi editor en Celebra, quien creyó en mi visión y con quien estoy agradecida no sólo como chef sino también como persona. A Kim Suarez, Tracy Bernstein y Kiovangie Herrera: gracias por ayudarme a crear una voz auténtica. A Liz Balmaseda: gracias por poner por escrito lo que yo sólo soy capaz de expresar hablando. Gracias a Front of the House, a Ann Saks y a Ingenious Designs por compartir sus hermosos instrumentos de cocina. A Lázara «Lady» Pinon y a Claudia Pascual, mi equipo de imagen: gracias por hacerme lucir siempre de la mejor manera posible.

Gracias a Michael Pisarri, mi talentoso y fantástico fotógrafo; A Mariana Velásquez, mi estilista de comida, una artista auténtica y, para mí, una de las mejores en su profesión. A Luis Corrales, mi estilista de accesorios y amigo. Gracias a todos por su habilidad maravillosa para convertir mis ideas en imágenes hermosas.

Y una vez más, mi mayor agradecimiento es para los Estados Unidos de América, por haberme dado la oportunidad de representar mi cultura latina, mi pasión y mis ideas todos y cada uno de los días.

ÍNDICE ANALÍTICO

ACERCA DE LA AUTORA

LORENA GARCÍA, dueña de restaurantes, estrella de la televisión y autora de libros de cocina nacida en Venezuela, es actualmente una de las chef más prominentes del país. Es conocida por diversas series de televisión (*Top Chef Masters*, *Top Chef Estrellas*, *Sazón con Lorena García*, *Lorena en su Salsa* y *El mejor de los peores*, por nombrar sólo algunos), por una exitosa cadena de restaurantes y por su libro *Nuevos clásicos latinos de Lorena García*. Fue la creadora del menú Cantina Bell de Taco Bell y tiene su propia línea de utensilios de cocina en HSN: Lorena Bella Kitchen Collection. Vive en Miami, Florida.